권 능

성결과 권능 시리즈·실천편 3

권 능

이재록 목사

우림

창세 이후로
소경으로 난 자의 눈을
뜨게 하였다 함을 듣지 못하였으니
이 사람이 하나님께로부터
오지 아니하였으면
아무 일도 할 수 없으리이다

요한복음 9:32~33

펴내는 글

**하나님의 권능과 예수 그리스도의 복음으로
불같은 성령의 역사를 체험할 수 있기를**

누군가에게 뜻밖의 선물을 받았다면 마음이 어떨까요? 만약 그것이 사랑하는 이로부터 받은 것이라면 더욱 기쁘고 행복할 것입니다. 그런데 하나님께서도 그분의 자녀 된 우리에게 사랑의 선물을 주십니다. 바로 성령의 역사로 나타나는 빛의 '권능'입니다.

"오직 성령이 너희에게 임하시면 너희가 권능을 받고 예루살렘과 온 유대와 사마리아와 땅 끝까지 이르러 내 증인이 되리라"

(행 1:8)

다만 부모가 어린아이에게는 칼을 주지 않는 것처럼 권능을 잘못 주면 오히려 해가 될 수 있기 때문에 하나님께서는 아무에게나 주시지 않습니다. 하나님께서 보실 때 합당한 사람에게 권능을 주십니다. 그 합당한 자격이란, 간단히 말해서 '하나님의 형상'을 회복하는 것입니다. 마음에 악을 버리고 성결을 이루는 것이지요. 그러면 금이 풀무에 단련되어 정금으로 나오는 것처럼 연단을 통해 정금같은 믿음을 소유하여 무엇이든지 구하는 대로 응답받을 수 있는 '사랑의 차원'에 이르게 됩니다.

"사랑하는 자들아 만일 우리 마음이 우리를 책망할 것이 없으면 하나님 앞에서 담대함을 얻고 무엇이든지 구하는 바를 그에게 받나니 이는 우리가 그의 계명들을 지키고 그 앞에서 기뻐하시는 것을 행함이라 그의 계명은 이것이니 곧 그 아들 예수 그리스도의 이름을 믿고 그가 우리에게 주신 계명대로 서로 사랑할 것이니라"(요일 3:21~23)

하나님을 지극히 사랑하고 형제를 사랑하여 하나님의 모든 계명을 지킬 뿐 아니라 온전한 믿음을 소유하여 '불같은 기도'를 무수히 쌓으면 권능이 나타납니다. 어떤 상황에서도 예와 아멘으로 순종하여 변개하지 않을 온전한 중심을 이루었을 때 받을 수 있는 것입니다.

이처럼 합당한 자격을 갖추면 하나님께서는 누구에게나 권능을 주십니다. 저는 7년간의 질병으로 고통과 절망 중에 있을 때 하나님의 권능으로 치료받는 기쁨과 행복을 체험한 적이 있습니다. 그 놀라운 일이 있은 후 저는 하나님을 믿게 되었고 권능을 받고자 수많은 세월 동안 금식하며 기도했습니다. 마가복음 9장 23절에 "할 수 있거든이 무슨 말이냐 믿는 자에게는 능치 못할 일이 없느니라" 하셨고, 요한복음 14장 12절에는 "나를 믿는 자는 나의 하는 일을 저도 할 것이요 또한 이보다 큰 것도 하리니" 약속하셨기 때문에 그 말씀을 믿고 기도한 것입니다.

『권능』은 '성결과 권능' 시리즈 실천편 세 번째 말씀입니다. 살아 계신 하나님을 만나 권능을 받는 과정과, 권능의 초입 단계부터 완성에 이르기까지, 나아가 창조의 최상의 권능에 대해서도 알려 줍니다. 그렇기 때문에 이제 막 하나님의 자녀로 거듭난 사람에게는 확실한 신앙생활의 안내자가 될 것입니다.

또한 하나님의 나라에 귀한 일꾼으로 성장하길 원하는 성도들에게는 큰 능력이 될 것입니다. 무엇보다 권능의 종이 되길 원하는 목회자들에게는 반드시 필요한 지침서입니다. 한편, '클릭 바이블(Click Bible)'과 '미라클 스토리(Miracle Story)'를 추가하여 실생활에서 권능을 체험하는 데 도움이 되도록 구성하였습니다.

이 책이 나오기까지 수고하신 빈금선 편집국장과 직원들에게 감사의 뜻을 전하며, 아무쪼록 이 책을 읽는 분마다 삶 가운데 하나님 권능의 역사를 체험하고 응답과 축복의 주인공이 되시기를 주님의 이름으로 기원합니다.

2009년 5월

이 재 록 목사

글 머리에

하나님의 깊은 사랑 가운데 1993년부터 2004년까지 2주연속 특별부흥성회가 있었습니다. 그 말씀을 통해 성도들이 해를 거듭할수록 영적 믿음을 갖고 선과 빛, 사랑과 권능의 차원으로 들어가 하나님의 마음을 깨달을 수 있었습니다.

비록 부흥성회는 지나갔지만 성도들의 신앙 성장에 큰 지침이 되었기 때문에 그 말씀을 새롭게 '성결과 권능' 시리즈로 편집하였습니다. 그중 『권능』은 참된 그리스도인이 되는 비결은 물론, 권능을 받는 방법, 단계별 권능에 대해서도 매우 구체적으로 제시합니다.

첫 번째 '하나님을 믿는다는 것' 편에서는 하나님을 믿는다는 것은 무엇이며, 어떻게 해야 항상 하나님을 만나고 체험할 수 있는

지 알려 줍니다. 두 번째 '주님을 믿는다는 것' 편에서는 예수님께서 우리의 구세주가 되시는 이유, 그리고 예수님을 믿으면 왜 구원과 응답을 받을 수 있는지에 대해 설명합니다. 세 번째 '보석보다 아름다운 그릇' 편에서는 하나님께서 아름답고 소중하며 귀히 여길 만한 그릇이 되려면 어떻게 해야 하는지, 그러한 그릇이 될 때 받는 축복에 대하여 깨우쳐 줍니다.

네 번째 '빛' 편에서는 영적으로 빛은 무엇이며, 빛이신 하나님을 만나려면 어떻게 해야 하는지, 빛 가운데 거할 때 어떠한 축복을 받는지 알려 주는 내용입니다. 다섯 번째 '빛의 권능' 편에서는 권능의 차원들 곧 빛의 권능의 네 단계는 각각 무엇이며, 단계별로 어떤 치료의 역사가 나타나는지 소개합니다. 나아가 권능을 받기 위한 방법을 제시합니다. 여섯 번째 '소경의 눈이 밝을 것이며' 편에서는 태어날 때부터 보지 못한 사람이 예수님을 만나 눈을 뜨는 과정을 감동적으로 묘사합니다. 오늘날 눈먼 이가 눈을 뜨고 저하된 시력을 정상으로 회복하는 구체적인 사례를 들어 권능을 피부로 느끼게 해 줍니다.

일곱 번째 '일어나 뛰고 걸으며' 편에서는 중풍으로 고통받던 사람이 예수님 앞에 들것에 실려 왔다가 일어나 걷는 장면이 나옵니다. 오늘날에도 그러한 권능을 체험하기 위해서는 어떠한 믿음의 행함을 내보여야 하는지 깨우쳐 줍니다. 여덟 번째 '기뻐 춤추며 노래하며' 편에서는 귀먹고 어눌한 사람이 예수님을 만나 귀가 열리고 말하는 과정을 살펴본 다음, 이러한 권능을 체험하는 방법을 제시합니다. 아홉 번째 '하나님의 섭리는 변함이 없나니' 편에서는 마지막 때에 관한 예언의 말씀과 하나님의 섭리를 이해하기 쉽게 설명하였습니다.

  이 책을 통해 참 믿음을 소유하여 하나님의 권능을 체험할 수 있기 바랍니다. 요한복음 15장 7절에 "너희가 내 안에 거하고 내 말이 너희 안에 거하면 무엇이든지 원하는 대로 구하라 그리하면 이루리라" 하셨으니 이 책을 읽는 분마다 권능을 받아 하나님의 섭리를 이루는 성령의 도구로 쓰임받으시길 기대합니다.

2009년 5월

빈금선 편집국장

차 례
contents

펴내는 글

글 머리에

Chapter 1
     하나님을 믿는다는 것   *15

Chapter 2
     주님을 믿는다는 것   *37

Chapter 3
     보석보다 아름다운 그릇   *57

Click Bible I _하나님께 속한 권능을
                           받으려면

Chapter 4
빛 * 77

Chapter 5
빛의 권능 * 95

Chapter 6
소경의 눈이 밝을 것이며 * 121

Click Bible II _예수님의 권능으로
치료받은 사람들

Chapter 7
일어나 뛰고 걸으며 * 141

Chapter 8
기뻐 춤추며 노래하며 * 159

Chapter 9
하나님의 섭리는 변함이 없나니 * 181

Click Bible III _성령의 권능과
하나님의 섭리

Chapter 1
하나님을 믿는다는 것

창조주 하나님을 믿고 구하기만 하면
상상도 못할 권능의 역사를 체험할 수 있습니다.

하나님은 과연 어떤 분이신가?
천지 만물을 창조하신 하나님
창조주 하나님을 믿을 수 있는 증거들
성경에 기록된 전능하신 하나님의 권능
오늘날 동일하게 나타나는 하나님의 권능
권능을 체험하려면 믿음으로 하나님을 기쁘시게 해야
응답받기 위한 믿음의 증거들

믿음으로 모든 세계가
하나님의 말씀으로 지어진 줄을 우리가 아나니
보이는 것은 나타난 것으로 말미암아
된 것이 아니니라

히브리서 11:3

하루는 한 남자가 예수님을 찾아왔습니다. 그에게는 벙어리 귀신 들려 고통받는 아들이 있었기 때문입니다. 그는 예수님께 나오기 전에 제자들에게 귀신을 쫓아달라고 했지만, 아무런 응답을 얻지 못했습니다. 그래서 혹시나 하는 마음에 예수님께 찾아와 "하실 수 있거든" 귀신을 좀 쫓아달라고 말했습니다.

그 말을 들은 예수님께서는 "할 수 있거든이 무슨 말이냐 믿는 자에게는 능치 못할 일이 없느니라"(막 9:23) 하시며 참믿음을 깨우쳐 주셨지요. 그러자 그는 "내가 믿나이다 나의 믿음 없는 것을 도와 주소서"라고 즉시 회개합니다. 그 고백을 들으신 예수님께서는 그의 소원대로 아이에게서 귀신을 쫓아 주셨습니다.

우리가 참믿음을 소유하면 이처럼 능치 못할 일이 없고 구하는 대로 응답받을 수 있습니다. 그러면 과연 무엇을 믿어야 하고 어떻게 믿어야 할까요? 만일 하나님을 바로 알지 못하고 바로 믿지 못하면 하나님의 능력을 체험하거나 응답받기가 어렵습니다. 따라서 바로 알고 바로 믿는 것이 무엇보다 중요합니다.

하나님은 과연 어떤 분이신가?

하나님은 피조물인 사람으로서는 상상조차 할 수 없는 무한하신 분입니다. 사람 편에서 하나님을 설명하는 것은 쉽지 않으며 한정된 사람의 식견으로는 온전히 이해할 수도, 알 수도 없습니다. 우리가 하나님에 대해 전부를 알 수는 없지만 하나님의 자녀라면 반드시 알아야 할 가장 기본적인 내용들을 먼저 살펴보겠습니다.

먼저, 하나님께서는 성경 66권의 저자이십니다.

디모데후서 3장 16절에 "모든 성경은 하나님의 감동으로 된 것"이라 했습니다. 66권으로 이루어진 성경은 약 1,600년간에 걸쳐 기록된 것으로 추산됩니다. 그런데 놀라운 것은 그토록 오랜 기간에 걸쳐 많은 사람들의 손에 의해 기록되었음에도 불구하고 처음부터 끝까지 완전히 하나의 통일성을 지니고 짝을 이루고 있다는 점입니다. 왜 그럴까요?

성경은 하나님께서 자신을 알리기 위하여 시대마다 합당한 사람들에게 감동을 주어 기록하게 하셨기 때문입니다. 그래서 성경 구절에 담긴 하나님의 뜻을 바르게 알기 위해서는 그에 해당하는 말씀의 짝을 알아 성령의 감동으로 풀어야 영적 의미를 깨우칠 수 있습니다. 또한 성경은 하나님 자신을 직접 계시하신 것이므로 그 말씀을 믿고 순종하는 사람마다 약속하신 축복과 은혜를 체험하게 됩니다.

다음으로, 하나님께서는 스스로 계신 분입니다.

아무리 오래된 골동품도 그것이 만들어진 시점이 있고 역사적 사건에도 그 시작과 끝이 있습니다. 그래서 사람들은 하나님에 대해서도 처음에 어떻게 존재하게 되셨는지 시작이 있어야 할 것처럼 생각합니다. 하지만 사람의 사고방식대로 창조주이며 절대자이신 하나님께 어떤 시작이 있다면 그것이 오히려 이상하지 않겠습니까.

하나님께서는 사람이 상상으로 지어내거나 손으로 조각한 우상과는 달리 영원 전부터 영원 후까지 계신 참 신이며 스스로 존재하는 분입니다(출 3:14). 누군가 낳은 것도, 지은 것도 아닙니다. 누군가 하나님을 창조했거나 낳은 이가 있다면 하나님도 완전한 분이 될 수 없습니다. 그러면 영원 전부터 스스로 계시는 하나님은 과연 어떤 모습으로 존재하셨을까요?

요한복음 1장 1절에 "태초에 말씀이 계시니라 이 말씀이 하나님과 함께 계셨으니 이 말씀은 곧 하나님이시니라" 했습니다. 여기서 태초는 만물이 창조되기 전, 오직 하나님만이 홀로 존재하시던 아득한 오래 전의 시간을 말합니다. 그때 하나님은 말씀 자체로 존재하셨는데, 이것이 곧 "소리"입니다.

또한 요한일서 1장 5절에는 "하나님은 빛이시라 그에게는 어두움이 조금도 없으시니라" 말씀합니다. 여기서 빛과 어둠이라는 말에는 영적 의미가 있습니다. 어둠이란 불의, 불법, 죄와 악 등 진리가 아닌 모든 것을 뜻하며, 빛이란 죄나 악이 전혀 없는 것으로 사랑, 선, 의 등 진리에 속한 모든 것을 뜻하지요.

그런데 하나님께서는 영적 의미로 빛일 뿐 아니라 실제로도 빛으로 존재하셨습니다. 말씀 자체이신 하나님은 매우 아름답고 신비로운 빛 가운데 맑고 투명한 소리를 머금은 형태로 존재하셨지요. 사람이 상상할 수 없는 아름다운 빛 속에 맑고 투명하며 감미롭고 부드러우면서도 온 우주를 울릴 만한 웅장한 소리로 존재하신 것입니다.

이렇게 빛과 소리로 존재하시던 하나님께서는 어느 시점에 이르러서 사람을 창조하려는 마음을 품으셨습니다. 서로 사랑을 주고받을 대상을 얻기 원하신 것입니다. 이러한 인간 경작에 대한 모든 계획을 이루기 위해 먼저 하나님께서는 삼위일체 하나님으로 존재하셨습니다. 즉 성부 하나님으로부터 장차 인류의 구세주가 되실 성자 예수님과 보혜사 성령님으로 존재하게 되신 것입니다. 이처럼 세 분의 격으로 존재하면서도 근본은 동일하셔서 삼위일체 하나님이라고 표현합니다.

뿐만 아니라 하나님에 대해서는 사랑 자체이고(요일 4:16), 빛 자체이며(요일 1:5), 끝 날에 만물을 심판하는 재판장이 되시는 등 여러 가지로 설명할 수 있습니다. 그런데 무엇보다도 우리가 기억할 것은 하나님께서는 놀라운 권능으로 천하 만물을 창조하신 창조주라는 점입니다.

천지 만물을 창조하신 하나님

창세기 1장 1절에 "태초에 하나님이 천지를 창조하시니라" 했고, 히브리서 11장 3절에는 "믿음으로 모든 세계가 하나님의 말씀으로 지어진 줄을 우리가 아나니 보이는 것은 나타난 것으로 말미암아 된 것이 아니니라" 말씀합니다.

맨 처음 아무것도 없는 무(無) 상태에서 오직 하나님의 권능으로 천하 만물이 창조되었습니다. 하늘의 해와 달, 풀과 나무, 새와 각종 짐승과 물고기는 물론 우리 사람도 하나님의 권능으로 지어진 것입니다. 이러한 사실에도 불구하고 많은 사람이 창조주 하나님을 믿지 못하는 까닭은 창조라는 것이 세상에서 배운 지식이나 경험과 너무나 맞지 않기 때문입니다.

하나님 말씀만으로 천지가 창조되었다는 사실이 사람의 지식과 생각으로는 이해되지 않는 것입니다. 그래서 사람들이 생각해 낸 것이 바로 진화론입니다. 진화론자들은 생물체가 저절로 발생하고 진화되어서 오늘날과 같이 번성했다고 주장합니다. 이러한 지식의 틀을 가지고 하나님의 창조를 부인하면 성경의 다른 말씀들도 믿지 못합니다. 천국과 지옥이 있다거나, 하나님의 아들이 사람으로 태어나셨다거나, 죽었다가 부활하여 하늘로 올라가셨다는 등의 말씀들을 믿지 못하는 것입니다.

그러나 우리 주변에는 쉽게 이해할 수 있는 창조의 증거들이 수없이 많습니다.

창조주 하나님을 믿을 수 있는 증거들

세상에는 수많은 나라와 민족이 있습니다. 그런데 모든 사람의 눈은 백인이나 흑인이나 황인이나 한결같이 두 개씩입니다. 또한 일률적으로 귀도 두 개이고, 코는 하나에, 콧구멍도 두 개이지요. 사람만이 아니라 육지의 짐승, 하늘을 나는 새, 바다의 물고기 역시 마찬가지입니다.

코끼리의 코가 크고 길다고 해서 콧구멍이 여러 개 있습니까? 아닙니다. 다른 동물과 같이 두 개입니다. 입은 하나이며 그 위치도 동일합니다. 그 수많은 종(種)들의 구조나 각각의 위치가 약간 다를 수는 있지만 대동소이한 것을 볼 수 있습니다.

이러한 사실이 어찌 우연의 일치이겠습니까? 수많은 동물이 동일한 구조를 가진 것은 이를 설계하고 지은 창조주가 한 분이라는 증거가 됩니다. 만일 신이 여러 분이라면 각 생물들의 생김새나 구조를 얼마든지 다양하게 만들 수 있었을 것입니다. 그러나 창조주는 오직 하나님 한 분이시기에 모든 생명체가 동일한 설계에 의해 만들어진 것이지요.

이 밖에도 자연과 우주를 살펴보면 그 안에는 수많은 창조의 증거들이 있습니다. 로마서 1장 20절에 "창세로부터 그의 보이지 아니하는 것들 곧 그의 영원하신 능력과 신성이 그 만드신 만물에 분명히 보여 알게 되나니 그러므로 저희가 핑계치 못할지니라" 하신 대로 만물을 통하여 하나님의 살아 계심을 충분히 알 수 있도록 지어 놓으셨습니다.

또한 하박국 2장 18~19절에 "새긴 우상은 그 새겨 만든 자에게 무엇이 유익하겠느냐 부어 만든 우상은 거짓 스승이라 만든 자가 이 말하지 못하는 우상을 의지하니 무엇이 유익하겠느냐 나무더러 깨라 하며 말하지 못하는 돌더러 일어나라 하는 자에게 화 있을진저 그것이 교훈을 베풀겠느냐 보라 이는 금과 은으로

입힌 것인즉 그 속에는 생기가 도무지 없느니라" 하셨으니 그동안 하나님을 알지 못하고 우상을 섬긴 사람들은 철저히 통회자복해야 합니다.

마지막으로, 하나님은 전지전능하신 분입니다.
전지전능하신 하나님의 역사는 각 시대마다 택하신 하나님의 사람들을 통해 나타났으며, 오늘날에도 끊임없이 보이십니다. 요한복음 4장 48절에 "너희는 표적과 기사를 보지 못하면 도무지 믿지 아니하리라" 하신 내로 하나님의 전지전능하심을 보지 못하면 도무지 믿지 않기 때문입니다.

수많은 증거가 있다 해도 여전히 하나님을 믿지 못하는 사람들을 위해 하나님께서는 확실히 믿을 수 있는 증거를 나타내 주셨습니다. 그것이 바로 전지전능하신 하나님 권능의 역사들입니다. 사람으로서는 도무지 나타낼 수 없는 기적을 통해 전능하신 하나님을 믿을 수 있도록 허락하신 것입니다.

성경에 기록된 전능하신 하나님의 권능
성경을 보면 놀라운 권능의 역사가 수없이 나옵니다. 홍해가 갈라지는가 하면, 태양이 운행을 멈추거나 오히려 뒤로 물러가기도 합니다. 하늘에서 불이 내려오기도 하고, 먹지 못할 쓴물이 먹을 수 있는 단물로 바뀌며, 반석을 치니 물이 솟아나기도 했습니다. 죽은 사람이 살아나고 각종 질병들이 치료되며 사람의 능력으로는 도무지 이길 수 없는 전쟁에 승리하기도 합니다.

전지전능한 하나님을 믿고 구하기만 하면 이처럼 상상도 못 할 권능의 역사들을 얼마든지 체험할 수 있기에 하나님은 성경에 기록을 남기고 믿을 수 있도록 축복하신 것입니다. 믿음으로 나타나는 권능의 역사는 성경 속에서만 볼 수 있는 것이 아닙니다. 하나님께서는 어제나 오늘이나 영원토록 동일하신 분이기에 오늘날에도 수많은 기사와 표적과 권능의 역사들을 믿음을 가진 사람들을 통하여 그대로 베풀고 계십니다.

"믿는 자들에게는 이런 표적이 따르리니 곧 저희가 내 이름으로 귀신을 쫓아내며 새 방언을 말하며 뱀을 집으며 무슨 독을 마실지라도 해를 받지 아니하며 병든 사람에게 손을 얹은즉 나으리라" (막 16:17~18)

오늘날 동일하게 나타나는 하나님의 권능

특별히 제가 시무하는 교회에는 1982년 개척 이래 하나님 권능의 역사가 무수히 나타납니다. 그중 가장 두드러지게 나타나는 권능의 역사는 질병과 연약한 것의 치료입니다. 각종 암을 비롯하여 결핵, 중풍, 뇌성마비, 디스크, 관절염, 백혈병 등 불치, 난치병으로 죽음만을 기다리던 사람들이 하나님께 믿음으로 나와 깨끗이 치료받았습니다.

뿐만 아니라 귀신 들린 사람들이 온전케 되고, 소아마비, 교통사고나 각종 사고로 평생을 불구로 살아야 했던 사람들도 기도받고 그 자리에서 걷고 뛰었습니다. 또한 심한 화상을 입은 사람들이 기도받은 즉시 화기가 물러가고 흉터 없이 깨끗해졌습니다. 뇌출혈이나 혹은 급체, 연탄가스 중독으로 의식이 없고 경직된 사람들이 기도받은 즉시 깨어나고 회복한 경우도 허다하지요.

이미 호흡이 끊어진 사람이 기도받고 살아난 경우도 많습니다. 그런가 하면 5년, 10년, 20년 동안 잉태하지 못했던 부부가 기도받고 잉태하여 건강한 아이를 낳은 경우도 무수합니다. 더구나 보지 못하고 듣지 못하며 말하지 못하던 사람들이 온전해져 하나님께 큰 영광을 돌렸습니다.

오늘날 아무리 의학이나 과학이 발달되었다 한들 죽은 신경이나 터진 고막, 태어나면서부터 보지 못한 눈, 듣지 못한 귀가 정상적으로 열릴 수는 없습니다. 그러나 하나님께서는 무엇이든지 하실 수 있으며, 무에서 유를 창조하시는 분입니다.

이처럼 놀라운 하나님의 권능이 나타나는 것은 단지 치료의 역사만이 아닙니다. 억수같이 쏟아지던 비가 기도하니 즉시 멈춥니다. 뜨거운 햇볕이 내리쬘 때 구름이 몰려와 가려 주고, 태풍이 물러가는 등 천기까지도 믿음으로 움직여지는 것을 개척 후 지금까지 체험했습니다.

매년 7~8월은 전성도 하계 수련회가 있는데 전국이 태풍이나 장마로 큰 피해를 입어도 수련회 장소만은 비가 내리지 않았습니다. 그런가 하면 일반적으로 비 온 뒤에나 볼 수 있는 무지개를 맑은 하늘에서 수없이 보았지요. 태양을 중심으로 두른 원형 무지개를 비롯하여 각종 희한한 무지개를 본 것입니다.

더욱 신기한 것은 직접 기도해 주지 않아도 권능의 역사들이 나타난다는 것입니다. 예배 때 강단에서 하는 전체 환자기도나 음성전화사서함 기도를 통해서도 많이 응답받고 있습니다. 또한 "사람들이 바울의 몸에서 손수건이나 앞치마를 가져다가 병든 사람에게 얹으면 그 병이 떠나고 악귀도 나가더라"(행 19:12)는 기록처럼 제가 기도해 준 손수건을 통해서도 권능의 역사가 나타납니다.

그 외에도 사진이나 이름 위에 손을 얹고 기도하면 세계 곳곳에서 시간과 공간을 초월한 권능의 역사가 나타나고 있습니다. 이처럼 사람의 생각과 지식으로는 이해할 수 없는 일들이 일어나므로 전지전능한 하나님께서는 불가능한 일이 전혀 없다는 사실을 믿어야 하겠습니다.

그러면 창조주 하나님을 믿기만 하면 누구나 놀라운 권능의 역사를 체험하고 응답과 축복을 받는 것일까요?

권능을 체험하려면 믿음으로 하나님을 기쁘시게 해야

많은 사람이 하나님을 믿는다 하지만 누구나 권능을 체험하는 것은 아닙니다. 이는 하나님께서도 "네가 나를 믿는구나." 하고 인정해야 하기 때문입니다. 물론 전도를 받고 교회에 나왔다는 자체만으로도 믿음을 인정해 주십니다. 하지만 치료받고 응답받을 수 있는 참믿음은 다릅니다.

하나님이 누구이시며, 예수가 왜 우리의 구세주가 되시는지, 또한 천국과 지옥이 있음을 듣고 알아야 합니다. 자신의 죄를 회개하고 예수를 구세주로 영접하면 성령을 받아 하나님의 자녀된 권세를 얻게 되는데 이것이 바로 참믿음의 시작입니다. 참믿음이 있는 사람에게는 반드시 행함이 따릅니다. 하나님께서는 이 믿음의 행함을 보시고 마음의 소원을 응답해 주십니다.

하나님 권능을 체험한 사람들은 이러한 믿음의 증거들을 나타내고 응답과 축복을 받았습니다. 그중에 아람 나라의 나아만 장군은 엘리사 선지자의 말에 순종하여 권능의 역사를 체험했습니다(왕하 5장). 그는 권능을 행하는 엘리사의 소문을 듣고 문둥병을 치료받기 위해 찾아왔습니다.

한 나라의 권세 있는 장군이 먼 곳에서 귀한 예물을 가득 싣고 찾아왔는데 엘리사는 나와 보지도 않았습니다. 그저 시종을 보내 요단강에 가서 일곱 번 몸을 씻으라는 말만 전하지요. 처음에 나아만은 자신의 위치에 합당한 대우를 받지 못하고 있다는 느낌을 받았습니다. 더욱이 하찮아 보이는 요단강에 가서 일곱 번이나 몸을 씻으라 하니 기분이 상했지만 종들의 말을 듣고 마음을 돌이켜 순종했습니다.

요단 강물에 한 번, 두 번, 세 번 몸을 잠그고 이어서 여섯 번째 잠글 때까지도 전혀 달라진 것이 없었습니다. 그러나 일곱 번째 물에 들어갔다가 나오는 순간 문둥병이 깨끗이 나아 어린아이의 살같이 되었습니다. 여기서 물은 영적으로 하나님 말씀을 의미합니다. 요단 강물에 일곱 번 몸을 잠갔다는 것은 하나님 말씀에 죄를 씻음받았다는 의미가 되지요. 또한 일곱은 완전수이므로 일곱 번 잠갔다는 것은 온전히 죄 사함받은 것을 뜻합니다.

그러므로 우리가 하나님께 응답을 받고자 원한다면 먼저는 나아만이 요단강에 몸을 일곱 번 씻은 것처럼 우리의 죄악을 철저히 회개해야 합니다. 단순히 입술로만 "잘못했습니다." 하면 안 됩니다. 마음을 찢으며 통회자복해야 합니다(욜 2:13). 죄를 진정 뉘우치고 두 번 다시는 그러한 죄를 짓지 않겠다는 다짐을 할 때 죄의 담이 허물어집니다. 그러면 마음에 기쁨이 샘솟으며 질병의 문제나 각종 문제가 해결되고 마음의 소원을 응답받는 등 하나님 역사를 체험하는 것입니다.

다음으로, 정성을 다해 일천 번제를 드린 솔로몬 왕입니다.

그는 하나님께 응답을 받을 수 있도록 일천 번제로 믿음의 행함을 나타내 구하지 않은 것까지 응답받았습니다. 일천 번제를 드린다는 것은 엄청난 정성이 아니고는 생각할 수 없습니다. 살아 계신 하나님을 믿지 못한다면 도무지 행할 수 없는 정성입니다. 하나님께서는 일천 번제를 드리는 솔로몬의 행함을 기뻐하셨습니다. 그래서 그가 구하는 지혜를 주셨을 뿐만 아니라 구하지도 않은 부귀 영화와 장수의 축복까지도 더해 주셨습니다.

마지막으로, 수로보니게 지방의 한 여인은 믿음의 간구를 통해 놀라운 권능의 역사를 체험하였습니다(마 15장 ; 막 7장). 이 여인에게는 더러운 귀신 들린 딸이 있었습니다. 어느 날, 여인은 예수님께 찾아와 딸을 고쳐 달라고 강청합니다. 그런데 예수님께서는 응답해 주기는커녕 오히려 "자녀의 떡을 취하여 개들에게 던짐이 마땅치 아니하니라" 말씀하셨습니다. 자신을 개에 비유하였으니 만일 여인에게 믿음이 없었다면 몹시 기분이 상하여 그 자리를 떠났을 것입니다.

하지만 여인은 반드시 응답받으리라는 믿음이 있었기 때문에 서운하게 여기거나 낙심하지 않았습니다. 오히려 더 겸비하게 매달리지요. "주여 옳소이다마는"하면서 먼저 예수님의 말씀을 인정합니다. 그리고 나서 "개들도 제 주인의 상에서 떨어지는 부스러기를 먹나이다" 하며 끝까지 믿음의 고백을 하였습니다. 그 결과 예수님께서는 여인의 믿음을 심히 기뻐하여 즉시 귀신 들린 딸을 고쳐 주셨습니다.

응답받기 위한 믿음의 증거들

마찬가지로 우리도 치료받고 응답받기 원한다면 끝까지 믿음을 내보여야 합니다. 여기서 한 가지 더 기억해야 할 것은 응답받을 만한 믿음이 있다면 반드시 하나님 앞에 직접 나와야 한다는 것입니다. 물론 하나님의 권능으로는 사진이나 기도받은 손수건으로도 치료하실 수 있습니다.

하지만 해외나 시각을 다투는 위급한 환자 등 부득이한 경우가 아니라면 본인이 직접 하나님 전에 나와야 합니다. 먼저는 하나님 말씀을 듣고 믿음을 가져야 권능을 체험할 수 있기 때문입니다. 예외적으로 정신 이상자나 귀신 들린 경우와 같이 스스로 믿음을 가질 수 없는 경우에는 수로보니게 여인과 같이 부모나 가족이 사랑과 믿음을 가지고 대신 나오면 됩니다.

이 밖에도 믿음의 증거로는 여러 가지가 있습니다. 가령, 응답받을 믿음이 있는 사람이라면 얼굴에 기쁨과 감사가 가득한 것을 볼 수 있습니다. 예수님께서는 "무엇이든지 기도하고 구하는 것은 받은 줄로 믿으라 그리하면 너희에게 그대로 되리라"(막 11:24) 하셨기 때문에 참믿음이 있다면 항상 기뻐하고 감사할 수밖에 없습니다.

또한 하나님을 믿는다면 하나님 말씀대로 살아갑니다. 하나님은 빛이시니 빛 가운데 살아가려고 노력하며 변화되는 것입니다. 하나님께서는 믿음의 행함을 기뻐하며 마음의 소원까지도 응답해 주시는 분입니다. 과연 나는 얼마나 하나님께 인정받을 만한 믿음을 소유하고 있는지 점검해 보시기 바랍니다.

"믿음이 없이는 기쁘시게 못하나니 하나님께 나아가는 자는 반드시 그가 계신 것과 또한 그가 자기를 찾는 자들에게 상 주시는 이심을 믿어야 할지니라" (히 11:6)

우리는 하나님을 믿는다는 것이 과연 무엇인지 분명히 깨달아야 합니다. 그래서 믿음의 행함으로 하나님을 기쁘게 하며 하나님의 권능으로 축복된 삶을 영위해야 하겠습니다.

니나 수슬로바 (여, 60세, 러시아 이젭스크 '사랑이 함께하는 믿음교회' 담임)

대륙을 넘어
역사된 권능

어느 날, ACCR(러시아 교회협의회)을 통해 러시아 연합대성회 소식을 들었다. 만민중앙교회를 소개하는 책자, 비디오 등에서 죽은 사람도 살리는 하나님 권능을 보고 감탄했다.
또 지인에게서 이재록 목사의 간증 수기 『죽음 앞에서 영생을 맛보며』를 받았다. 읽고, 또 읽기를 세 차례나 반복했다. 죽음의 문턱에서 하나님을 만난 뒤 오직 하나님을 향한 사랑으로 삶을 밝힌 이 목사의 모습을 보며 읽을 때마다 주체할 수 없는 감동에 눈물을 흘렸다. 곧 있을 연합대성회가 더욱 기대되었다.
2003년 11월, 상트 페테르부르크에서 열린 러시아 연합대성회는 평생 잊을 수 없는 추억이다. 연인원 10만 명이 참석한 그 성회는 러시아 기독교 역사상 최대 규모였다. 러시아어 가사를 완벽하게 소화해 내는 찬양팀과 유명 오케스트라와 견주어도 손색없는 닛시오케스트라의 연주는 매우 인상 깊었다. 이어지는 이 목사의 설교는 심령을 울리는 메시지였다.

이젭스크 시 스크린 성회

또한 기도로 갖가지 질병이 치료되는 하나님의 권능은 감당할 수 없는 희열로 다가왔다.

상트 페테르부르크 외에도 다섯 지역에서 스크린 성회가 동시에 진행되었다. 스크린 성회에도 수많은 사람이 참석해 치료와 응답의 역사를 체험했다. 내가 담임하는 '사랑이 함께하는 믿음교회'가 있는 이젭스크 시에서는 매일 천여 명이 참석한 가운데 생방송으로 스크린 성회가 열렸다. 성회에 참석한 사람 가운데 등, 척추, 머리, 다리 통증이 치료되고 시력과 청력을 회복하며, 폐결핵, 신장염, 방광염이 낫는 등 치료 사례가 줄을 이었다. 하나님의 권능을 체험하지 못한 영혼이 하나도 없을 정도였다.

나는 성회 내내 하나님의 역사를 보며 흥분을 감추지 못했다. 성회 장소는 하나님이 진히 임재하신 듯 영광으로 가득했다.

- 『희한한 능』 中에서 -

Chapter 2
주님을 믿는다는 것

주님을 믿는다면 진리로 변화되어야 하며
이것이 응답과 축복의 지름길입니다.

구세주가 되시는 창조주 하나님의 아들

만세 전에 감추어진 인간 구원의 섭리

토지 무르기 법에 합당하신 예수 그리스도

예수님께서 나무 십자가에 달리신 이유

주님을 믿는다는 것은 진리로 변화되는 것

이러므로 우리에게 구름같이 둘러싼
허다한 증인들이 있으니
모든 무거운 것과
얽매이기 쉬운 죄를 벗어 버리고
인내로써 우리 앞에 당한 경주를 경주하며
믿음의 주요 또 온전케 하시는 이인 예수를 바라보자
저는 그 앞에 있는 즐거움을 위하여
십자가를 참으사 부끄러움을 개의치 아니하시더니
하나님 보좌 우편에 앉으셨느니라

히브리서 12:1~2

오늘날 '예수 그리스도'라는 이름을 들어 보지 못한 사람은 거의 없습니다. 그러나 왜 예수님만이 인류의 구세주가 되시며, 왜 예수 그리스도를 믿어야 구원에 이르는지 묻는다면 교회에 다니는 사람들 중에도 답변하지 못하는 사람들이 의외로 많습니다.

이는 구원과 직결된 중요한 사항인데도 그 영적인 의미를 알지 못한 채 신앙생활하고 있다는 증거입니다. 우리는 예수님께서 왜 우리의 유일한 구세주가 되시며 예수님을 구세주로 영접하여 믿는다는 것이 무엇인지 분명히 알아야 합니다. 그럴 때라야 참믿음을 소유하고 하나님의 권능을 체험할 수 있습니다.

구세주가 되시는 창조주 하나님의 아들

사람들은 대부분 예수님을 세계 4대 성인 중 한 사람 정도로 알고 있습니다. 어떤 경우에는 기독교의 창시자 또는 선한 일을 하신 훌륭한 분이라고 말하기도 합니다. 그러나 하나님 자녀들은 예수님을 인류의 모든 죄를 대속하신 구세주로 고백합니다. 어찌 독생자 예수님을 한낱 피조물인 사람과 동격으로 대할 수 있겠습니까.

예수님 당시에도 예수님을 대하는 반응은 매우 다양했습니다. 마태복음 16장을 보면 예수님께서 제자들에게 "사람들이 인자를 누구라 하느냐?" 묻는 장면이 나옵니다. 이에 "더러는 세례 요한, 더러는 엘리야, 어떤 이는 예레미야나 선지자 중의 하나라 하나이다"라고 대답합니다. 그러자 이번에는 제자들을 향하여 "너희는 나를 누구라 하느냐?"고 물으셨지요.

이때 수제자 베드로가 담대히 말합니다.

"주는 그리스도시요 살아 계신 하나님의 아들이시니이다"

그의 고백을 들으신 예수님께서는 "바요나 시몬아 네가 복이 있도다 이를 네게 알게 한 이는 혈육이 아니요 하늘에 계신 내 아버지시니라"고 칭찬하셨습니다. 베드로는 예수님께서 베푸시는 수많은 권능의 역사를 직접 지켜보면서 그분이 창조주 하나님의 아들이요 온 인류를 구원할 그리스도이심을 깨달았던 것입니다.

만세 전에 감추어진 인간 구원의 섭리

태초에 하나님께서는 자기의 형상을 좇아 흙으로 사람을 지으시고 그에게 "동산 각종 나무의 실과는 네가 임의로 먹되 선악을 알게 하는 나무의 실과는 먹지 말라 네가 먹는 날에는 정녕 죽으리라"(창 2:16~17) 말씀하셨습니다. 그런데 세월이 흐른 후 첫 사람 아담과 하와는 사단의 사주를 받은 뱀의 유혹에 넘어가 그만 선악과를 따먹고 말았습니다.

그 결과 죄가 들어왔고 아담의 죄성을 이어받은 모든 인류 역시 죄로 인해 영원한 사망에 이를 수밖에 없었습니다. 그러므로 사랑의 하나님께서는 만세 전에 구원의 길을 예비하셨는데 바로 그분이 예수 그리스도이십니다. 사도행전 4장 12절에 "다른 이로서는 구원을 얻을 수 없나니 천하 인간에 구원을 얻을 만한 다른 이름을 우리에게 주신 일이 없음이니라" 하신 대로 예수 그리스도 외에는 구세주의 자격을 갖춘 이가 없기 때문입니다.

하나님께서는 아담이 죄를 범하여 사망의 길로 가게 될 것을 아셨습니다. 그래서 사람을 창조하기 전, 곧 만세 전부터 구원의 길을 예비하신 것입니다.

"우리가 온전한 자들 중에서 지혜를 말하노니 이는 이 세상의 지혜가 아니요 또 이 세상의 없어질 관원의 지혜도 아니요 오직 비밀한 가운데 있는 하나님의 지혜를 말하는 것이니 곧 감추었던 것인데 하나님이 우리의 영광을 위하사 만세 전에 미리 정하신 것이라" (고전 2:6~7)

"이 지혜는 이 세대의 관원이 하나도 알지 못하였나니 만일 알았더면 영광의 주를 십자가에 못박지 아니하였으리라 기록된 바 하나님이 자기를 사랑하는 자들을 위하여 예비하신 모든 것은 눈으로 보지 못하고 귀로도 듣지 못하고 사람의 마음으로도 생각지 못하였다 함과 같으니라"(고전 2:8~9)

그러므로 우리는 만세 전에 하나님께서 예비하신 인간 구원의 길이 바로 예수 그리스도에 의한 십자가의 도이며 비밀한 가운데 감추어 두었던 하나님의 지혜임을 알아야 합니다.

토지 무르기 법에 합당하신 예수 그리스도

하나님께서는 창조주로서 항상 사랑과 공의 가운데 우주 만물을 나스리고 인류 역사를 주관하는 분이십니다. 한 나라의 왕이나 대통령이라 해도 국가의 법을 따릅니다. 사장은 회사의 법을 따르고, 가장은 가정의 정해진 법을 따르듯이 하나님께서는 천지 만물의 주인이지만 항상 성경에 기록된 영계의 법칙을 따라 다스리십니다.

영계의 법에는 죄인에게 벌을 가하는 법 곧 "죄의 삯은 사망"(롬 6:23)이라는 법이 있는가 하면, 반대로 그 죄를 용서하는 법도 있습니다. 그래서 첫 사람 아담의 범죄로 원수 마귀에게 넘어간 권세를 회복하기 위해 하나님께서는 죄를 용서할 수 있는 영계의 법칙을 적용하신 것입니다.

하나님께서는 아담에게 모든 만물을 다스리는 권세를 주셨지만(창 1:28), 그의 불순종으로 그가 가진 모든 권세와 영광이 마귀에게 넘어가고 말았습니다. 누가복음 4장 6~7절에 원수 마귀가 예수님을 시험할 때에 천하 만국을 보이며 "이 모든 권세와 그 영광을 내가 네게 주리라 이것은 내게 넘겨준 것이므로 나의 원하는 자에게 주노라 그러므로 네가 만일 내게 절하면 다 네 것이 되리라" 말한 것에서 잘 알 수 있습니다.

이렇게 사망이 이르게 된 모든 사람이 죄를 용서받고 아담이 누렸던 하나님 자녀된 권세를 회복할 수 있는 영계의 법칙은 무엇일까요? 바로 이스라엘 토지 무르기 법에서 그 해답을 얻을 수 있습니다. 하나님께서는 이 법에 따라 비밀한 가운데 만세 전에 인간 구원의 길을 예비하셨습니다.

토지 무르기 법은 하나님께서 이스라엘 백성에게 명하여 그에 따라 행하셨습니다. 즉 토지는 영영히 팔지 말며, 가난하여 토지를 팔았다 할지라도 그 근족이나 본인이 다시 무를 수 있도록 하였습니다. 다시 말해 토지 무르기에 합당한 자격을 규정하여 그대로 행하면 토지를 되돌려 받을 수 있게 한 것입니다(레 25:23~28).

토지 무르기 법에 의하면 모든 토지는 하나님 소유이므로 사람이 영영히 팔 수 없습니다. 합당한 자격을 갖춘 사람이 나타나면 물러 주어야 합니다. 이처럼 천하 만물도 하나님의 소유이므로 아담에게 넘겨받은 권세를 원수 마귀가 영영히 소유할 수 없는 것입니다. 그러므로 아담의 죄를 대속할 만한 합당한 자가 나타나면 원수 마귀는 그 권세를 다시 되돌려 주어야만 했습니다.

공의의 하나님께서는 이러한 토지 무르기 법에 합당한 의인 한 사람을 만세 전에 예비하고 비밀한 가운데 감추어 두었습니다. 이분이 바로 인간 구원의 길이신 예수 그리스도이십니다. 그러면 만세 전에 예비한 예수 그리스도는 토지 무르기 법에 따라 원수 마귀에게 넘겨준 권세를 어떻게 되돌려 받을 수 있을까요?

예수님께서 다음 네 가지 조건을 갖추어야 모든 죄를 대속하고 원수 마귀에게 넘겨준 권세를 되돌려 받습니다.

첫째로, 아담의 근족인 사람이어야 합니다.

토지 무르기 법을 보면 근족이 대신 무를 수 있도록 했습니다.

"만일 너희 형제가 가난하여 그 기업 얼마를 팔았으면 그 근족이 와서 동족의 판 것을 무를 것이요"(레 25:25)

아담이 넘겨준 권세를 되찾아 오기 위해서는 아담의 근족인 사람이어야 한다는 것입니다.

"사망이 사람으로 말미암았으니 죽은 자의 부활도 사람으로 말미암는도다 아담 안에서 모든 사람이 죽은 것같이 그리스도 안에서 모든 사람이 삶을 얻으리라"(고전 15:21~22)

예수 그리스도는 말씀이 육신이 되어 이 땅에 오신 분이며(요 1:14) 하나님의 아들로서 신성과 인성을 함께 지닌 채 육신을 입고 태어나신 분입니다. 그의 탄생은 역사적인 사실로서 여러 증거들이 있는데 특히 예수님의 탄생을 기점으로 기원전(B.C.)과 기원후(A.D.)로 연대가 나뉘어졌습니다. 그러므로 예수 그리스도는 아담의 근족인 사람으로 태어나신 분이요, 토지 무르기 법에 합당한 자격을 갖추신 분입니다.

둘째로, 아담의 후예가 아니어야 합니다.

죄를 대속하려면 죄인이 아니어야 합니다. 그런데 아담의 불순종으로 모든 인류는 죄인이 되었으므로 죄를 대속하려면 아담의 후예가 아니어야 합니다.

요한계시록 5장 1~3절을 보면 사도 요한이 "내가 보매 보좌에 앉으신 이의 오른손에 책이 있으니 안팎으로 썼고 일곱 인으로 봉하였더라 또 보매 힘 있는 천사가 큰 음성으로 외치기를 누가 책을 펴며 그 인을 떼기에 합당하냐 하니 하늘 위에나 땅 위에나 땅 아래에 능히 책을 펴거나 보거나 할 이가 없더라" 했습니다. 여기에서 인봉한 책이란 아담이 죄를 짓자 하나님과 마귀 사이에 이루어진 계약서의 묶음을 말합니다. 인봉을 뗄 수 있는 자는 토지 무르기 법에 합당한 자라야 하지요.

그런데 사도 요한이 인봉을 뗄 자를 찾으니 없었습니다. 하늘 위를 보니 천사가 있으나 사람이 아니었고, 땅 위를 보니 모두 아담의 후손으로서 죄인뿐입니다. 땅 아래 음부를 보니 지옥에 갈 죄인과 마귀에게 속한 존재만 있으니 토지 무르기에 합당한 자를 찾을 수가 없어 통곡한 것입니다.

그러자 장로 중 한 사람이 "울지 말라 유대 지파의 사자 다윗의 뿌리가 이기었으니 이 책과 그 일곱 인을 떼시리라"(계 5:5)고 위로했지요. 유대 지파를 통해 다윗의 후손으로 나온 예수 그리스도가 토지 무르기 법에 합당한 자라는 것입니다.

"예수 그리스도의 나심은 이러하니라 … 주의 사자가 현몽하여 가로되 다윗의 자손 요셉아 네 아내 마리아 데려오기를 무서워 말라 저에게 잉태된 자는 성령으로 된 것이라 아들을 낳으리니 이름을 예수라 하라 이는 그가 자기 백성을 저희 죄에서 구원할 자이심이라 하니라"(마 1:18~21)

이처럼 예수님이 이 땅에 오실 때에 동정녀 마리아의 몸을 빌어 성령으로 잉태되어 태어나신 것은 사람이면서도 아담의 후예가 아니어야 토지 무르기 법에 합당한 자가 될 수 있기 때문입니다.

셋째로, 힘이 있어야 합니다.

형제가 가난하여 토지를 팔았을 때에 그것을 무르려면 부요하여 무를 만한 힘이 있어야 합니다. 아무리 마음은 있어도 능력이 없으면 빚을 갚아 줄 수 없습니다. 이와 같이 사람의 죄의 문제를 해결해 주기 위해서는 그에 합당한 힘이 있어야 합니다. 여기서 힘이란 죄를 대속하는 힘이므로 죄가 없는 것을 뜻합니다.

예수님은 아담의 후예가 아니기에 원죄가 없으셨습니다. 뿐만 아니라 태어나 33년 동안 율법을 그대로 지키고 사신 분이니 자범죄도 전혀 없었습니다. 생후 8일 만에 할례를 받고 모든 계명을 온전히 지켜 행했지요.

그러므로 예수님을 가리켜 "이러한 대제사장은 우리에게 합당하니 거룩하고 악이 없고 더러움이 없고 죄인에게서 떠나 계시고 하늘보다 높이 되신 자라"(히 7:26) 하였으며, 베드로전서 2장 22~23절에는 "저는 죄를 범치 아니하시고 그 입에 궤사도 없으시며 욕을 받으시되 대신 욕하지 아니하시고 고난을 받으시되 위협

하지 아니하시고 오직 공의로 심판하시는 자에게 부탁하시며" 하신 것입니다.

넷째로, 사랑이 있어야 합니다.
토지 무르기가 온전히 이루어지려면 위의 세 가지 조건 외에 사랑이 있어야 합니다. 만일 사랑이 없으면 토지 무를 힘이 있는 근족이 있다 할지라도 대신 갚아 주지 않을 것입니다. 형이 수억의 재산을 갖고 있어도 사랑이 없으면 빚더미에 쌓인 동생을 도와주지 않을 것이니 형의 재산이 아무리 많다 한들 무슨 소용이 있겠습니까.
룻기 4장을 보면 보아스가 나오미의 형편을 알고 가장 가까운 근족에게 기업 무르기를 권합니다. 그러나 그는 이 제안을 거절하지요. "그 기업 무를 자가 가로되 나는 내 기업에 손해가 있을까 하여 나를 위하여 무르지 못하노니 나의 무를 권리를 네가 취하라 나는 무르지 못하겠노라" 그래서 나오미의 다음 근족인 보아스가 토지 무르기를 하게 됩니다. 이는 보아스가 사랑이 많았기 때문입니다. 그 결과 보아스는 다윗의 조상이 되는 큰 축복을 받았습니다.
마찬가지로 성령으로 잉태되어 전혀 죄가 없으신 예수님께서는 죄를 대속할 힘이 있었지만 만약 사랑이 없었다면 십자가의 고난을 당하지 않았을 것입니다. 그러나 예수님은 나무 십자가에 못 박히고 피 흘려 죽기까지 모든 인류의 죄를 대속하여 인간 구원의 길을 열어 주셨습니다. 이는 측량하기 어려운 하나님 사랑과 죽기까지 순종한 주님의 희생의 결과이지요.

예수님께서 나무 십자가에 달리신 이유

예수님이 나무 십자가에 달리신 것은 영계의 법칙 때문입니다. 갈라디아서 3장 13절을 보면 "그리스도께서 우리를 위하여 저주를 받은 바 되사 율법의 저주에서 우리를 속량하셨으니 기록된 바 나무에 달린 자마다 저주 아래 있는 자라 하였음이라" 했습니다. 모든 사람은 죄인이므로 저주를 받아 사망 곧 지옥으로 갈 수밖에 없습니다. 이러한 율법의 저주에서 놓이게 하려면 대신 나무 십자가에 달리셔야 했던 것입니다.

또한 레위기 17장 11절을 보면 "육체의 생명은 피에 있음이라 내가 이 피를 너희에게 주어 단에 뿌려 너희의 생명을 위하여 속하게 하였나니 생명이 피에 있으므로 피가 죄를 속하느니라" 했고, 히브리서 9장 22절에는 "율법을 좇아 거의 모든 물건이 피로써 정결케 되나니 피 흘림이 없은즉 사함이 없느니라" 했습니다. 피는 생명과 일체요, 피 흘림이 없으면 죄 사함이 없기 때문에 예수님께서는 흠도 점도 없는 보배로운 피를 흘려 주셔서 우리로 하여금 생명을 얻게 하신 것입니다.

그래서 주님의 십자가의 고난으로 말미암아 믿는 사람들은 질병, 연약함, 가난 등 온갖 저주에서도 놓인 바 되었지요. 즉 예수님께서 친히 가난한 길을 가셔서 우리의 가난을 대속하셨고, 채찍에 맞으심으로 우리의 모든 질병을 담당해 주셨습니다. 가시면류관을 쓰셔서 우리 생각을 통해 짓는 모든 죄를 대속하셨고, 손과 발에 못 박히셔서 우리의 손과 발로 짓는 모든 죄를 대속하신 것입니다.

주님을 믿는다는 것은 진리로 변화되는 것

십자가 섭리를 바로 알고 마음 중심에서 믿는 사람이라면 죄를 버리고 하나님 뜻을 좇아 살아갑니다. 그리하여 요한복음 14장 23절에 "예수께서 대답하여 가라사대 사람이 나를 사랑하면 내 말을 지키리니 내 아버지께서 저를 사랑하실 것이요 우리가 저에게 와서 거처를 저와 함께하리라" 말씀하신 대로 하나님의 사랑과 축복을 받습니다.

그런데 많은 사람이 주님을 믿는다고 하면서도 응답받지 못하고 시험 환난 가운데 살아가는 이유는 무엇일까요? 믿는다고 하지만 하나님께서 보실 때에는 참믿음이 아니기 때문입니다. 하나님 말씀을 알면서도 죄를 버리지 않고 진리로 변화되지 않는 것입니다.

신앙생활의 기초인 십계명을 지키지 않는 사람들이 얼마나 많습니까. 안식일을 거룩하게 지키라는 말씀을 알면서도 오전 예배만 드리고 오락을 즐기는가 하면 아예 지키지 않고 다른 일을 하기도 합니다. 또한 십일조를 드려야 한다는 말씀을 알면서도 아까워 일부만 드리거나 아예 드리지 않습니다. 이는 하나님의 것을 도적질하는 것이니(말 3:8) 어찌 축복이 임하겠습니까.

그런가 하면 다른 사람의 잘못을 용서치 않고 혈기를 내며 되갚아 주고자 합니다. 믿지 않는 사람과 똑같이 원망하고 탄식하는 모습을 어찌 참믿음이라고 할 수 있겠습니까. 진정 믿음이 있다면 하나님 뜻대로 행하고자 악은 모양이라도 버리고 우리를 위해 생명까지 내주신 주님을 본받아야 합니다.

이런 사람은 자기를 미워하는 사람이라도 용서하고 사랑합니다. 혈기를 버리고 온유한 사람으로 변화되며 전에는 악한 말을 내던 입술에서 선한 말이 나옵니다. 매사에 불평하던 사람이 범사에 감사하고 주변 사람에게 은혜를 끼치는 아름다운 모습으로 변화됩니다. 이처럼 악을 버리고 진리로 변화되는 것이 바로 하나님의 응답과 축복을 받는 지름길입니다.

히브리서 12장 1~2절에 "이러므로 우리에게 구름같이 둘러싼 허다한 증인들이 있으니 모든 무거운 것과 얽매이기 쉬운 죄를 벗어 버리고 인내로써 우리 앞에 당한 경주를 경주하며 믿음의 주요 또 온전케 하시는 이인 예수를 바라보자 저는 그 앞에 있는 즐거움을 위하여 십자가를 참으사 부끄러움을 개의치 아니하시더니 하나님 보좌 우편에 앉으셨느니라" 말씀하셨습니다. 성경에 나오는 믿음의 선진들이 아니라 해도 우리 주변에 주님을 믿음으로 구원받고 축복받은 사람이 얼마나 많습니까.

만일 이러한 삶을 살고 있지 않다면 먼저는 자신을 돌아보아 주님을 바로 믿지 못한 것을 회개하고 오직 하나님 말씀대로 살아가고자 결단하시기 바랍니다. 그리하여 참믿음을 소유하고 하나님의 권능을 체험하며 응답과 축복으로 마음껏 영광 돌리기 바랍니다.

에노모토 순자 (여, 48세 • 일본 동경)

새로운 삶을 향한 발걸음

"교회에 나가겠느냐, 어찌하겠느냐?" 난데없이 힘 있고 우렁찬 음성이 들리며 누워 있는 나를 향해 좌우의 벽이 무서운 속도로 좁혀왔다. 벽에 끼기 일보 직전, 나는 소리쳤다.
"나… 나가겠습니다, 교회에 나가겠습니다!"
순식간에 벽이 물러나며 벽지까지 찢겨 날아갔다.
'휴우, 별 이상한 꿈도 다 있네…'
다행히 꿈이지만, 귓전엔 여전히 그 목소리가 맴돌았다. 결국 두려움 반 기대 반으로 2005년 9월, 지인을 따라 동경 타바타만민교회에 등록하였다.
이자까야(일본식 선술집)를 경영하는 나는 한 달에 두 번 정도 주일예배에 참석했다. 하지만 새벽까지 일을 한 뒤라 예배 중에 번번이 졸음에 빠지고 말았다.
일 년쯤 지났을까. 어느 날 '십일조를 안 하는 것은 하나님 것을 도적질하는 일…'이라는 설교 말씀이 귀에 들어왔다. 그때까지 나는 한 번

도 십일조를 한 적이 없다. 당장 지갑 속에서 2만 엔을 꺼내 십일조로 드렸다. 신기하게 그 뒤론 예배시간에 졸리지 않아서 설교에 집중할 수 있었다. 말씀에 빨려 들어가는 것처럼 감동을 받기도 했다.

2006년 10월, 몸이 쉽게 피곤하고 소변에 피가 섞여 나오는 것이 심상치 않아 병원을 찾으니 자궁경부암이라고 했다.

눈앞이 깜깜했다. 11월 30일, 우선 레이저 수술을 받았다. 그런데 얼마 뒤 재검사 결과 암세포가 주변까지 전이되어 자궁 전부를 들어내야 한다고 했다.

우려하던 일이 생긴 것이다. 나는 믿음으로 기도받지 못한 것을 회개했다. 담임 목사는 하나님은 중심을 보시니 말씀대로 살려는 믿음의 행함을 보이는 것이 중요하다고 했다. 그 뒤 습관처럼 담배를 입에 물다가 놀라서 내려놓고 기도하였다.

"하나님, 교회에 다니고 치료받기 위해 기도하면서도 이렇게 담배를 피우고 있습니다. 담배를 끊고 말씀대로 살 수 있도록 힘을 주세요."

얼마나 간절한지 눈물까지 흘렀다. 금식을 모르던 내가 담배를 끊기 위해 3일 금식을 하자, 20년 동안 끊을 수 없던 담배가 연기조차 싫어졌다. 더불어 술 생각도 사라졌다. 하나님은 금식을 기뻐 받으시고 술까지 끊을 수 있도록 은혜를 주신 것이다.

뿐만 아니라 5년 동안 생활의 한 부분이던 빠찡꼬를 끊는 등 내 삶에 믿기지 않는 변화가 일어났다.

2007년 초, 어느 날이었다. 꿈속에 하얀 의사 가운을 입은 남자가 "너의 영을 꺼내 줄 테니 네가 너를 보아라." 하였다. 나는 분명 서 있는데 또 다른 내가 누워 있었다. 하얀 가운을 입은 남자는 누워 있는 나의 배를 가리키며 말했다.
"저 뱃속에 있는 파란 것이 모두 암이다. 이제부터 그것을 치료해 주마!"
꿈을 깨자마자 치료됐다는 확신이 들어 하나님께 감사기도를 했다. 그 뒤로 이재록 목사의 '환자를 위한 기도'와 '하루를 시작하는 기도'를 받으며 기도하고 금식했다.

어느덧 내 몸에는 변화가 생겼다. 천근만근 무겁던 몸이 가벼워지고 마음이 평안했다. 연례행사이던 감기에도 걸리지 않았다. 또 늦게까지 일해도 피곤하지 않았다. 하나님의 치료 손길을 느낄 수 있었다.
건강을 되찾은 것 말고도 내 마음엔 말씀의 싹이 났다. 전에는 남편과 말다툼이 잦았지만 그를 위해 기도하며 섬기고자 노력했다. 그러자 이젠 남편이 어떤 말을 하더라도 이해되고 사랑스럽다. 가족에게나 일터에서 거침없이 튀어나왔던 욕설도 버리고 말 한 마디도 주의 깊게 했다. 하나하나 진리로 바뀌는 내 모습에 가족 모두가 즐거워한다.
만약 주님을 영접지 않았다면 이런 기쁨과 감사를 알 수 있었을까? 내게 새로운 삶을 허락하신 하나님께 감사드린다.

-「희한한 능」中에서 -

Chapter 3
보석보다 아름다운 그릇

성결된 사람을 하나님께서는
보석보다 아름다운 그릇이라 인정하십니다.

사랑하는 자녀들을 그릇에 비유하신 하나님
보석보다 아름다운 그릇이 되려면
보석보다 아름다운 그릇이 될 때 임하는 축복

큰 집에는 금과 은의 그릇이 있을 뿐 아니요
나무와 질그릇도 있어
귀히 쓰는 것도 있고 천히 쓰는 것도 있나니
그러므로 누구든지 이런 것에서 자기를 깨끗하게 하면
귀히 쓰는 그릇이 되어
거룩하고 주인의 쓰심에 합당하며
모든 선한 일에 예비함이 되리라

디모데후서 2:20~21

하나님께서 사람을 지으신 목적은 진실한 사랑을 주고받을 수 있는 참자녀를 얻기 위함입니다. 그런데 많은 사람이 창조의 목적에서 벗어나 하나님께서 싫어하는 죄를 지음으로 원수 마귀 사단의 종이 되어 결국 사망에 이르렀습니다(롬 6:23).

사랑의 하나님께서는 참자녀 얻는 것을 포기하지 않고 여전히 죄악 중에 있는 사람들에게 구원의 길을 열어 주셨습니다. 모든 인류의 죄를 대속하기 위해 독생자 예수님을 십자가에 내주셨던 것입니다. 이처럼 엄청난 희생을 동반한 사랑을 베푸셔서 예수 그리스도를 믿음으로 구원받는 길이 열리게 된 것입니다. 또한 누구든지 예수님이 구세주이심을 마음으로 믿고 입술로 시인하면 하나님의 자녀가 되는 권세를 얻습니다.

사랑하는 자녀들을 그릇에 비유하신 하나님

유명한 음식점에 손님이 물밀듯 밀려오고 주문이 넘치는 상황이라면 가장 필요한 것이 무엇일까요? 바쁘게 움직이는 직원의 손길과 음식, 그리고 그 음식을 담아낼 충분한 그릇일 것입니다. 그런데 하나님께서는 이런 그릇에 하나님의 자녀를 비유하여 말씀하셨습니다.

디모데후서 2장 20~21절에 보면 "큰 집에는 금과 은의 그릇이 있을 뿐 아니요 나무와 질그릇도 있어 귀히 쓰는 것도 있고 천히 쓰는 것도 있나니 그러므로 누구든지 이런 것에서 자기를 깨끗하게 하면 귀히 쓰는 그릇이 되어 거룩하고 주인의 쓰심에 합당하며 모든 선한 일에 예비함이 되리라" 말씀합니다.

원래 그릇의 용도는 무언가를 담는 것입니다. 하나님께서 그의 자녀들을 그릇에 비유하신 것은 그 안에 하나님의 사랑과 은혜, 진리의 말씀을 담을 수 있고, 나아가 하나님 능력과 권세와 권능도 담을 수 있기 때문입니다. 우리가 어떠한 그릇을 준비하느냐에 따라 하나님께서 예비하신 각양 좋은 은사들과 축복을 받는 것입니다.

그러면 하나님께서 예비하신 축복을 받을 수 있는 그릇은 과연 어떠한 사람일까요? 바로 하나님께서 보실 때 소중히 여기고 귀히 여기며 아름답다고 인정하는 그릇입니다.

먼저, 하나님께서 소중히 여기는 그릇은 큰 사명을 맡았으되 온전히 감당한 사람입니다. 예를 들면, 주님의 길을 예비했던 세례 요한이나 이스라엘 백성을 출애굽시켰던 모세 선지자와 같은 분들이 여기에 속합니다.

다음으로, 하나님께서 귀중히 여기는 그릇은 보통 사람에게서는 찾아보기 힘든 정신 곧 정직, 진실, 정한 마음, 곧은 절개를 가지고 있어 그에 따른 품격과 품위가 나타난 사람입니다. 강대국의 총리직을 맡아 감당하며 하나님 영광을 드러낸 요셉과 다니엘과 같은 분들이 여기에 속합니다.

마지막으로, 하나님 앞에 아름다운 그릇은 마음이 선하여 아무 일에든지 다투거나 들레지 않고 오직 진리 안에서 모든 것을 포용하는 사람입니다. 자기 민족을 구한 에스더나 믿음의 조상으로서 하나님의 벗이라 일컬음을 받았던 아브라함과 같은 분들이지요.

이처럼 하나님께서 귀히 여기고 소중히 여기며 아름답다고 인정하는 그릇의 조건을 모두 갖춘 사람이 바로 "보석보다 아름다운 그릇"입니다. 많은 돌무더기 속에 반짝반짝 빛나는 보석이 있다면 금방 눈에 띄는 것처럼, 영적으로 보석보다 아름다운 사람들도 하나님 눈에 확연히 드러납니다.

보석보다 아름다운 그릇이 되려면

보석은 크기에 비해 값이 매우 비싸기도 하지만 반짝거리는 보석 특유의 빛깔로 인해 사람들의 마음을 끕니다. 하지만 반짝인다고 해서 다 보석이 아닙니다. 빛깔과 광택이 아름답고 물리적인 견고성이 있어야 합니다. 여기서 물리적인 견고성이란 열에 잘 견디고, 어떤 약품에 닿아도 변색되거나 모양이 변형되지 않는 것을 말합니다. 그리고 또 한 가지 중요한 요소가 희소성이 있어야 한다는 것입니다.

따라서 빛깔과 광택이 뛰어나고 물리적인 견고성이 있으며 희소성이 있는 보석보다 아름다운 그릇이라면 얼마나 소중하고 귀하며 아름답겠습니까. 하나님께서는 그의 자녀들이 보석보다 아름다운 그릇이 되어 축복된 삶을 영위하기 원하므로 그런 그릇을 발견하면 참으로 기뻐하며 사랑하는 증서들을 나타내십니다. 그러면 우리가 어떻게 해야 하나님 앞에 보석보다 아름다운 그릇이 될 수 있을까요?

첫째는, 마음을 깨끗게 하여 성결을 이루어야 합니다.

그릇이 고유의 목적에 맞게 사용되려면 무엇보다 깨끗해야 합니다. 아무리 값비싼 그릇이라 해도 냄새나는 오물이 묻어 있다면 사용할 수 없습니다. 물로 씻어 더러움을 깨끗이 제거한 후에야 사용할 수 있지요. 하나님 자녀들이 응답받기 위해서도 마찬가지입니다. 하나님께서는 풍성한 은혜와 각양의 은사들, 그리고 물질의 복, 건강의 복 등을 예비해 놓으셨는데 이러한 복을 받기 위해서는 먼저 깨끗한 그릇을 준비해야 합니다.

예레미야 17장 9절에 "만물보다 거짓되고 심히 부패한 것은 마음이라" 했고, 마태복음 15장 18~19절에는 "입에서 나오는 것들은 마음에서 나오나니 이것이야말로 사람을 더럽게 하느니라 마음에서 나오는 것은 악한 생각과 살인과 간음과 음란과 도적질과 거짓 증거와 훼방이니" 말씀하셨지요.

그러므로 무엇보다 마음을 깨끗이 씻어내야 하나님 앞에 보석과 같은 그릇이 될 수 있습니다. 깨끗한 그릇이 되면 악한 생각을 할 리 없습니다. 악한 말이 나올 리 없고 악한 행동은 더욱 나올 리가 없습니다. 우리 마음을 씻는 것은 영적인 물 곧 하나님 말씀으로만 가능합니다.

그래서 에베소서 5장 26절에 "이는 곧 물로 씻어 말씀으로 깨끗하게 하사 거룩하게 하시고" 했고, 히브리서 10장 22절에는 "우리가 마음에 뿌림을 받아 양심의 악을 깨닫고 몸을 맑은 물로 씻었으니 참마음과 온전한 믿음으로 하나님께 나아가자" 말씀하셨지요. 그러면 하나님 말씀이 어떻게 우리 마음을 깨끗이 씻는 작용을 하는 것일까요?

우리가 성경 66권 말씀 가운데 씻는 작용을 하는 말씀에 순종하면 됩니다. 곧 "하지 말라", "버리라" 말씀하신 대로 행하면 마음에 있는 더러운 죄성들과 악성들이 버려지니 자연히 마음이 깨끗해지는 것입니다. 마음이 깨끗하게 씻긴 사람들은 자연히 몸의 행실도 진리 안에서 그리스도의 빛을 발하며 깨끗하게 나옵니다. 그러나 말씀을 지켜 행하는 것은 자신의 힘과 의지만으로 되는 것이 아닙니다. 성령의 도움을 받아야 합니다.

성령은 하나님의 마음으로서 예수 그리스도를 영접한 사람들의 마음 안에 내주하며 진리의 말씀을 듣고 깨닫게 하십니다. 마치 아이를 돌보는 어머니와 같이 하나님의 자녀들이 천국에 들어가기까지 믿음의 길을 잘 갈 수 있도록 인도하는 역할을 합니다. 요한복음 3장 6절에 "육으로 난 것은 육이요 성령으로 난 것은 영이니" 하신 대로 성령을 선물로 받은 하나님 자녀들은 성령의 도움으로 죄를 버리고 날마다 영의 사람으로 변화될 수 있습니다.

혹여 "그 많은 계명을 어떻게 다 지켜 행할 수 있을까?" 하고 힘들다 어렵다 생각하는 분이 계십니까? 하나님을 중심에서 사랑하면 계명을 지키는 것이 결코 힘들지 않습니다. 부모는 자녀를 낳으면 먹는 것, 입는 것, 씻는 것 등 하나에서 열까지 일일이 돌봄니다. 남의 아이라면 귀찮고 힘들 수도 있겠지만 내 자녀이므로 전혀 힘들게 여기지 않지요. 왜냐하면 자녀를 사랑하기 때문입니다.

"우리가 하나님을 사랑하고 그의 계명들을 지킬 때에 이로써 우리가 하나님의 자녀 사랑하는 줄을 아느니라 하나님을 사랑하는 것은 이것이니 우리가 그의 계명들을 지키는 것이라 그의 계명들은 무거운 것이 아니로다" (요일 5:2~3)

누군가를 사랑해서 하는 일은 기쁘고 즐겁고 행복합니다. 결코 힘들거나 어렵고 짜증나지 않습니다. 하물며 하나님이 우리 영혼의 아버지이며 우리를 사랑하사 독생자를 십자가에 내주셨다는 사실을 믿는다면 어찌 하나님을 사랑하지 않겠습니까. 하나님을 사랑하면 말씀대로 사는 것이 전혀 힘들지 않습니다. 오히려 말씀대로 살지 못하고 하나님 뜻을 위배했을 때 힘들고 괴로운 것이지요.

저는 누님의 전도로 하나님을 만나 온갖 질병을 깨끗이 치료받았습니다. 이러한 하나님 은혜에 감사하여 각종 예배에 참석하다가 그해 11월, 난생 처음 부흥성회에 참석하였습니다. 그때 말씀을 통해 죄를 버려야 하는 것과 술과 담배를 끊어야 하며, 쉬지 말고 기도하고, 십일조는 반드시 해야 하는 것 등 신앙생활의 기본을 배웠습니다.

그래서 부흥성회 이후로는 즉시로 술과 담배를 끊고 십일조와 감사헌금도 드리기 시작했지요. 새벽 기도도 시작하고 배운 그대로 행했습니다. 성경도 읽기 시작했습니다. 무슨 수를 써도 고칠 수 없던 많은 질병을 단번에 치료받았기 때문에 성경을 읽는 대로 백 퍼센트 믿어졌습니다. 초신자였기에 이해가 잘 안 되는 말씀도 있었지만 이해되는 말씀은 읽는 즉시 순종하였습니다.

거짓말하지 말라고 하면 "거짓말이 죄구나. 하지 말라고 했으니 안 해야지." 마음에 명심하고 "하나님, 제가 악한 마음으로 누군가를 속이는 것은 아니라 해도 습관적으로 하는 거짓말도 버리게 해 주세요."라고 기도했던 것입니다.

사람들 중에는 거짓말을 하면서도 그것이 거짓말인지조차 모르는 경우가 많습니다. 만일 원치 않는 전화가 걸려오면 자녀나 동료에게 "나 없다고 해라." 하지는 않습니까? 또한 상대방을 배려한다는 생각에 "식사했느냐?"는 질문을 받으면 하지 않았는데도 했다고 거짓말을 합니다. 이러한 것까지도 버리기 위해 기도하였습니다.

그 외에 버려야 할 것들을 노트에 일일이 기록해 놓고 시간이

날 때마다 그것을 보고 기도했습니다. 그리고 버려졌다는 확신이 들 때 비로소 빨간 볼펜으로 지웠습니다. 만일 마음에 결심하고 기도했는데도 잘 버려지지 않는 것이 있을 때에는 금식에 들어갔습니다. 3일 금식해서 안 되면 5일, 그래도 똑같은 잘못이 두 번, 세 번 반복되면 7일 금식을 했지요.

이렇게 죄를 버리면서 "하라", "지키라" 말씀하신 것도 명심하여 그대로 지키기 위해 노력했더니 짧은 시간 안에 말씀대로 살 수 있었습니다. 깨끗한 그릇으로 변화되니 하나님께서는 많은 축복을 주셨습니다. 가족들이 건강의 축복을 받았을 뿐만 아니라 많은 부채도 신속히 갚을 수 있었지요. 이러한 육적인 축복뿐만 아니라 영적인 축복도 넘쳤습니다.

"사랑하는 자들아 만일 우리 마음이 우리를 책망할 것이 없으면 하나님 앞에서 담대함을 얻고 무엇이든지 구하는 바를 그에게 받나니 이는 우리가 그의 계명들을 지키고 그 앞에서 기뻐하시는 것을 행함이라" (요일 3:21~22)

둘째로, 연단을 잘 받아 영적 빛을 낼 수 있어야 합니다.

반지나 목걸이에 쓰이는 값비싼 보석을 보면 원석은 거칠고 불순물이 섞여 있습니다. 그 원석이 전문가의 손에 연마되어 불순물이 제거되고 아름다운 빛깔과 형태를 소유하게 된 것입니다. 전문가들이 보석을 연마하는 과정을 거쳐야 아름다운 형태를 갖추고 더욱 찬란한 빛을 내는 것처럼 하나님께서도 그의 자녀들을 연단하십니다.

무슨 죄를 범해서가 아니라 영육간에 축복을 주기 위해 연단을 허락하시는 경우가 있습니다. 자녀된 입장에서 자신을 돌아볼 때 분명 어떤 죄를 짓거나 잘못한 것이 없는데도 아픔과 고통스런 시련이 올 때가 있다는 것이지요. 이는 하나님께서 사랑하는 자녀로 하여금 보석처럼 너욱 아름다운 빛깔과 광택을 낼 수 있도록 단련하는 과정입니다. 이런 경우 기쁨과 감사함으로 그 과정을 잘 통과하면 하나님 나라에 귀히 쓰임받는 도구로 나올 뿐만 아니라 큰 축복을 받는 것입니다.

"애매히 고난을 받아도 하나님을 생각함으로 슬픔을 참으면 이는 아름다우나" (벧전 2:19)

"너희 믿음의 시련이 불로 연단하여도 없어질 금보다 더 귀하여 예수 그리스도의 나타나실 때에 칭찬과 영광과 존귀를 얻게 하려 함이라" (벧전 1:7)

그런데 하나님과의 사이에 죄의 담이 있어 시험 환난을 당한

다면 이것은 축복을 위한 연단이 아닙니다. 이런 경우에는 자신의 죄가 무엇인지 깨우쳐 신속히 회개해야 어려움이 사라집니다.

악은 모양이라도 버리고 이미 깨끗한 그릇이 되었다 할지라도 하나님께서는 보석처럼 아름다운 그릇이 될 수 있도록 때를 좇아 연단을 허락하십니다. 요한일서 1장 5절에 "하나님은 빛이시라 그에게는 어두움이 조금도 없으시니라" 말씀하신 대로 하나님께서는 흠도 티도 없으신 거룩한 빛 자체이니 사랑하는 자녀들도 빛의 차원에 이를 수 있도록 인도하십니다.

그러므로 하나님께서 허락하신 연단을 믿음으로 잘 통과하고 선과 사랑으로 승리하면 이전보다 더욱 빛나는 아름다운 영혼이 되지요. 이러한 영적 빛이 얼마나 밝으냐에 따라 영적 권세와 능력이 달라지며 영적 빛이 임하면 원수 마귀 사단은 자연히 물러갑니다.

보석보다 아름다운 그릇이 될 때 임하는 축복

마가복음 9장을 보면 예수님께서 제자들이 내쫓지 못한 귀신을 내쫓는 장면이 나옵니다. 예수님이 "벙어리 되고 귀먹은 귀신아 내가 네게 명하노니 그 아이에게서 나오고 다시 들어가지 말라"며 더러운 귀신을 꾸짖으니 즉시 나가고 아이가 온전케 되었습니다. 제자들이 귀신을 내쫓지 못한 것은 그들의 영적 빛과 예수님의 영적 빛의 차원이 다르기 때문입니다.

우리도 예수님처럼 밝은 영적 빛의 차원에 들어가려면 어떻게 해야 할까요? 어떠한 시련이 다가와도 하나님을 믿음으로 악을 악으로 갚지 말고 오직 선으로 악을 이기며 원수까지도 사랑할 수 있어야 합니다. 그리하여 어떠한 연단 가운데서도 믿음과 선, 사랑과 의가 진실하다는 것을 인정받으면 예수님처럼 귀신을 제어할 수 있고 어떠한 질병이나 연약함도 고칠 수 있습니다.

저도 믿음의 길을 걸어오면서 참으로 많은 연단을 받았습니다. 아무 잘못 없이 오해를 받기도 했지만, 오직 하나님께 모든 것을 맡기고 사랑으로 간구했습니다. 학업에 전념하는 학생이 시험을 통해 비로소 실력을 인정받듯이 연단을 통해 믿음과 사랑이 확증되자 하나님께서는 예전보다 크고 놀라운 권능을 행하게 하셨습니다. 모든 연단이 끝난 후에는 세계선교의 문을 활짝 여시고 수만, 수십만 혹은 수백만이 넘는 인파가 모인 가운데 시공간을 초월한 권능으로 함께하신 것입니다.

하나님께서 둘러 주시는 영적 빛은 이 세상의 어떤 빛보다도 찬란하고 아름답습니다. 이러한 영적 빛으로 둘러싸인 자녀를 하나님께서는 보석보다 아름다운 그릇이라 인정하십니다. 그러므로 신속히 성결을 이루며 보석보다 아름다운 그릇이 되어 무엇이든지 구하는 대로 응답받는 축복된 삶을 영위하시기 바랍니다.

Click Bible I

하나님께 속한
권능을 받으려면

"하나님이 한두 번 하신 말씀을 내가 들었나니
권능은 하나님께 속하였다 하셨도다"

(시편 62:11)

하나님께 속한 권능을 받으면 그 증거로 기사와 표적이 나타납니다.

기사란, 하나님의 능력 가운데 역사되는 일들 중에서
천기를 움직이는 것에 해당합니다. 예를 들어 출애굽기 14장에
밤새도록 동풍이 불어 물이 물러가므로 홍해가 갈라지는 장면이 나옵니다.
여호수아 3장에는 요단강의 흐름이 멈추는 사건이 나오지요.
비가 오지 않게 한다거나 다시 비가 오게 하는 것,
바람과 파도를 잠잠케 하는 일 등도 기사에 속합니다.

표적이란, 인간이 행할 수 있는 한계 이상의 일들이
하나님의 능력을 통해 나타나는 경우들을 말합니다.
모든 병의 치료와 약한 것들을 온전케 하는 역사가 표적에 해당됩니다.
예수님께서 행하신 권능을 보면, 이러한 기사와 표적을 다 포함하고 있습니다.

그러면 구체적으로 어떻게 해야 권능을 받을 수 있을까요?

첫째로, 모든 육을 버리고 온전히 성결된 영의 사람이 되어야 합니다.

여기서 '육'이란 무엇일까요?
'육'은 일반적으로 사람의 몸, 살, 혹은 고기를 의미합니다.
그러나 영적으로는 '영'과 반대되는 모든 개념을 포괄하지요.
'영'은 하나님의 근본 속성으로서, 변하지 않으며 영원한 것입니다.
진리, 사랑, 선, 빛 등이 영에 속한 속성입니다.
육은 이러한 영과는 반대로 시간이 지나면 변질되고 썩는 것입니다.
하나님의 속성과 반대되는 모든 비진리와 어둠, 죄악 등을 의미하지요.
혈기, 짜증, 감정, 판단, 정죄, 미움, 시기, 질투, 음욕, 배신, 욕심, 교만, 다툼
등이 다 육입니다. 악한 생각과 악한 느낌, 악한 것을 품는 마음도 다 육입니다.

빛과 어둠은 공존할 수가 없는 것처럼
마음에 육이 있는 만큼 영이신 하나님과는 하나 될 수 없습니다.
하나님의 마음과 뜻을 이해할 수도 없고 온전히 순종할 수도 없습니다.
그래서 권능을 행하는 사람들은 하나님과 하나 되는 연단의 과정을 거치게 됩니다.

성경을 보면 하나님의 부름을 받아 쓰임받기 전에
육을 철저히 깨뜨리는 과정이 있습니다.
하나님의 뜻에 위배되는 자신의 생각과 이론을 깨뜨리고
하나님의 말씀에 무조건 아멘 할 수 있기 위해서는
마음 안에 있는 모든 육, 즉 죄악에 물들었던 마음과 비진리의 속성들을
철저히 버려야 합니다.

그러면 왜 온전히 성결을 이루어야만 하나님께서 권능을 주시는 것일까요?
그것은 권능이 오직 선하게만 사용되어야 하기 때문입니다.
만약 온전히 성결되지 않은 사람이 권능을 받는다면
자신의 영광을 구하거나 자신의 유익을 위해 사용할 수도 있지요.
오히려 다른 사람을 해롭게 할 수도 있구요.

예를 들어, 마음에 안 드는 사람을 저주하거나
질병을 치료해 줄 테니 돈을 달라 할 수 있습니다.
따라서 하나님께서는 아직 악이 있는 사람에게는 권능을 주시지 않습니다.
겉으로 보기에 온유하고 선해 보이는 것이 아니라
중심을 보시는 하나님께서 보실 때 마음에 악이 없는 사람이어야 합니다.

둘째로, 불같은 기도를 해야 합니다.

성경을 보면 하나님의 뜻을 크게 이룬 믿음의 선진들이나
권능을 받은 사람들은 한결같이 기도하는 사람이었습니다.
귀신 들린 한 아이에게서 귀신을 쫓아내지 못한 제자들이 예수님께 그 이유를 묻자,
예수님은 "기도 외에 다른 것으로는 이런 유가 나갈 수 없느니라"(막 9:29)
답변합니다. 하나님의 역사를 나타내기 위해서는 기도의 중요성을 깨우치고
반드시 하나님께서 받으시는 기도를 해야 합니다.

그렇다면 하나님께서 받으시는 기도를 하려면 어떻게 해야 할까요?

> 첫째로, 습관을 좇아 기도해야 합니다.
> 둘째로, 무릎을 꿇고 기도해야 합니다.
> 셋째로, 하나님의 뜻에 합한 내용을 구해야 합니다.
> 넷째로, 힘쓰고 애써 기도해야 합니다.
> 다섯째로, 중심을 바쳐 기도해야 합니다.
> 여섯째로, 부르짖어 기도해야 합니다.
> 일곱째로, 믿음과 사랑을 가지고 기도해야 합니다.

이처럼 하나님께서 알려 주신 기도의 방법에 따라
권능을 받기 위해 불같은 기도를 쌓아야 합니다.
물론 무엇보다 먼저는 온전한 성결을 이루어야 하며,
그러면서 무수한 기도를 쌓아야 하지요.
성결의 그릇을 준비하고 하나님께서 원하시는 기도의 양을 채울 때라야
권능을 받을 수 있습니다.

Chapter 4
빛

빛 가운데 행하여 하나님을 닮아가는 만큼
축복과 권능을 받을 수 있습니다.

영적인 빛이란?
하나님을 만나려면 빛 가운데 행해야
빛 가운데 행하면 하나님과 사귐이 있고
하나님과 진정한 사귐이 있었던 믿음의 선진들
빛 가운데 행할 때 임하는 축복
과연 나는 빛 가운데 살고 있는가?

우리가 저에게서 듣고
너희에게 전하는 소식이 이것이니
곧 하나님은 빛이시라
그에게는 어두움이 조금도 없으시니라

요한일서 1:5

빛에는 참으로 신비한 능력이 담겨 있습니다. 어둠을 밝혀 주고 따뜻하게 하며 몸에 해로운 세균과 곰팡이를 죽이기도 하지요. 빛이 있으므로 식물도 광합성 작용을 통해 생명을 유지할 수 있습니다. 이처럼 우리 눈으로 볼 수 있고 몸으로 느낄 수 있는 육적인 빛도 있지만 그렇지 않은 영적인 빛도 있습니다. 육적인 빛이 여러 가지 능력을 갖고 있는 것처럼 영적인 빛 안에는 무한한 능력이 담겨 있습니다.

캄캄한 밤에 빛이 비취면 어둠이 순간에 사라지듯이 우리 삶에도 영적인 빛이 임하면 원수 마귀에게 속한 어둠이 물러가고 하나님의 사랑과 은혜 가운데 살아갈 수 있습니다. 영적으로 어둠이 있으면 질병이나 가족, 일터나 대인관계의 문제 등으로 참된 평안을 얻지 못합니다. 이때 영적인 빛이 임하면 도저히 해결할 수 없는 문제들이 해결되고 마음의 소원을 응답받습니다. 과연 영적 빛이란 무엇이며 어떻게 역사되는 것일까요?

영적인 빛이란?

요한일서 1장 5절에 "하나님은 빛이시라 그에게는 어두움이 조금도 없으시니라" 했고, 요한복음 1장 1절에는 "말씀은 곧 하나님이시니라" 하셨습니다. 바로 빛은 하나님 자체를 의미하며 진리요

선이요 사랑이신 하나님 말씀을 의미하기도 합니다.

하나님께서는 태초에 천지 만물이 창조되기 이전, 광활한 우주 공간에 홀로 존재하셨습니다. 이때에는 어떤 형상을 입고 계신 것이 아니었습니다. 빛과 소리가 하나로 어우러진 상태에서 모든 우주를 품고 계셨던 것입니다. 찬란하고 아름다운 빛이 온 우주를 품에 안은 듯 감싸고, 그 빛으로부터 청아하고 우렁찬 소리가 울려 나왔습니다.

이처럼 빛과 소리로 존재하던 하나님께서는 참 자녀를 얻기 위해 인간 경작의 섭리를 계획하신 뒤에야 삼위일체 하나님으로 존재하신 것입니다. 삼위일체 하나님으로서 형상을 입었으며 그 형상에 따라 사람을 창조하셨습니다. 그러나 하나님의 본질은 여전히 빛과 소리이며 지금도 빛과 소리로써 역사하십니다. 비록 사람과 같은 형상을 입고 계시지만 그 안에는 무한한 능력이 담긴 빛과 소리가 존재하는 것입니다.

이러한 영적 빛에는 하나님의 능력뿐만 아니라 사랑과 선을 비롯한 모든 진리가 담겨 있습니다. 성경 66권은 영적인 빛에 담긴 진리를 소리로 발하여 말씀해 주신 것입니다. 그래서 빛이란 성경에 기록된 "사랑하라, 기도하라, 안식일을 지키라, 십계명을 지키라" 등 선과 의, 사랑에 관한 모든 진리의 말씀입니다.

하나님을 만나려면 빛 가운데 행해야

성경에는 사랑하라, 기도하라, 감사하라, 기뻐하라 등 "하라" 하신 것들이 많습니다. 그리고 안식일을 지키라, 십계명을 지키라 등 "지키라" 하신 것들도 있습니다. 또한 미워하지 말라, 우상을 섬기지 말라, 도적질하지 말라, 수군거리지 말라 등 "하지 말라"는 말씀이 있으며, 악은 모양이라도 버리라, 탐심을 버리라 등 "버리라"는 말씀이 있지요.

이러한 하나님 말씀에 순종하는 것이 바로 빛 가운데 거하는 것이며, 주님과 하나님을 닮는 것입니다. 반대로 하나님께서 "하라" 하신 것을 하지 않고 "지키라" 하신 것을 지키지 않으며 "하지 말라"는 것을 하고, "버리라" 하신 것을 버리지 않는 것은 어둠에 거하는 것입니다.

빛의 세계는 하나님께서 주관하시지만 어둠의 세계는 원수 마귀 사단이 주관합니다. 원수 마귀 사단은 하나님을 대적하는 존재이므로 어둠의 세계에 사는 사람은 하나님을 만날 수 없습니다. 그러므로 빛이신 하나님을 만나 각종 인생의 문제를 해결받고 응답받으려면 신속히 어둠에서 나와 빛 가운데 거해야 합니다. 요한일서 1장 7절에 "저가 빛 가운데 계신 것같이 우리도 빛 가운데 행하면 우리가 서로 사귐이 있고" 하신 대로 우리가 빛 가운데 행해야 하나님과 사귐이 있다고 말할 수 있습니다.

빛 가운데 행하면 하나님과 사귐이 있고

아버지와 자녀 사이에 사귐이 있는 것이 당연한 것처럼, 우리는 영의 아버지이신 하나님과 사귐이 있어야 합니다. 하지만 빛이신 하나님과 사귐이 있으려면 반드시 필요한 조건이 있습니다. 곧 죄를 버리고 빛 가운데 행하는 것입니다.

만일 어둠 가운데 행하면서 빛이신 하나님과 사귐이 있다고 한다면 이는 거짓말입니다(요일 1:6). 여기서 사귐이란 일방적인 것이 아닙니다. 내 편에서 누구를 안다고 해서 그와 사귐이 있다 할 수는 없습니다. 서로가 서로를 알아야 합니다. 나아가 서로 믿고 대화할 수 있는 친밀한 사이가 되어야 합니다.

아무리 내 편에서 대통령에 대해 잘 안다 해도 대통령이 나를 모른다면 사귐이 있다 말할 수 없습니다. 설령 사귐이 있다 해도 정도의 차이가 있게 마련입니다. 그저 얼굴만 아는 정도이거나, 이보다 가까워서 안부를 묻는 사이일 수도 있습니다. 혹은 친밀하여 깊은 비밀까지 나누는 관계도 있습니다.

하나님과의 사귐도 이와 마찬가지입니다. 진정한 사귐이 되려면 하나님 편에서도 우리를 알고 인정할 수 있어야 합니다. 만일 전지전능한 하나님과 깊은 사귐이 있다면 병들고 연약하거나 가난할 리 없고 응답받지 못할 것이 하나도 없습니다.

신명기 28장에 '하나님의 말씀을 삼가 듣고 지켜 행하면 들어가도 복을 받고 나가도 복을 받을 것이며 꾸어 줄지언정 꾸지 않게 하시고, 머리 되고 꼬리 되지 않는 복을 주신다'고 약속한 대로 하나님께서는 사랑하는 자녀들에게 항상 좋은 것만 주시기 때문입니다.

하나님과 진정한 사귐이 있었던 믿음의 선진들

하나님께서 내 마음에 합한 사람이라고 인정하신 다윗은 과연 하나님과 어떠한 사귐이 있었을까요?

다윗은 하나님을 사랑하고 경외하며 범사에 의지하는 사람이었습니다. 그는 사울 왕에게 쫓겨 도망다닐 때나 전쟁에 나가 싸울 때에도 "올라가리이까", "어디로 가리이까" 하며 마치 어린아이가 부모에게 묻듯이 일일이 하나님께 여쭈었습니다. 하나님께서도 이러한 다윗에게 상세하게 알려 주셨고, 그는 가는 곳마다 승승장구했습니다(삼하 5:19~25). 그가 하나님과 아름다운 사귐을 이룰 수 있었던 것은 믿음으로 하나님을 기쁘게 해 드렸기 때문입니다.

일례로, 사울이 이스라엘의 초대 왕으로 있을 때 블레셋 군대가 쳐들어온 적이 있습니다. 그때 골리앗이라는 거대한 용사가 이스라엘 군대를 조롱하고 하나님 이름을 모독했습니다. 그런데도 이스라엘 진(陣)에서는 누구 하나 용기 있게 나서지 못합니다. 다윗은 당시 어린 소년에 불과했지만 이스라엘의 전능자 하나님을 믿었고 전쟁이 하나님께 속한 것을 믿었습니다. 그래서 그는 왕에게 자신이 나가 싸우겠다고 자청하였습니다.

아무런 무장도 하지 않은 채 다만 물맷돌 다섯 개를 들고 만군의 여호와의 이름으로 담대히 골리앗 앞에 나간 것입니다. 이에 하나님께서는 물맷돌이 골리앗의 이마에 박히도록 하셨습니다. 적장이 힘없이 쓰러지자, 결국 전세가 역전되어 이스라엘이 완전한 승리를 거두었습니다. 이와 같이 다윗은 확고한 믿음을 가졌기 때문에 하나님 마음에 합한 사람으로 인정받았고, 마치 부자간에 대소사를 논하듯이 하나님과 함께 모든 일을 이룰 수 있었던 것입니다.

한편 모세는 하나님과 대면할 정도로 사귐이 있었습니다. 그가 "원컨대 주의 영광을 내게 보이소서"(출 33:18) 하며 담대히 하나님 얼굴 뵙기를 구하자, 하나님께서는 어떻게든 그의 소원을 들어주려고 하셨습니다. 모세가 이처럼 하나님과 깊은 사귐이 있었던 이유는 무엇일까요?

모세가 시내 산에 올라 40일 동안 금식하며 하나님과 교통할 때였습니다. 이스라엘 백성은 모세가 더디 내려오자 우상을 만들어 섬기는 큰 죄를 짓고 말았습니다. 진노하신 하나님께서는 이스라엘 백성을 진멸하고 대신 모세를 통해 큰 나라를 이루리라고 말씀하셨지요. 이때 모세는 자신의 생명을 걸고 백성을 위해 간절히 구하였습니다.

"주의 맹렬한 노를 그치시고 뜻을 돌이키사 주의 백성에게 이 화를 내리지 마옵소서"(출 32:12)

"슬프도소이다 이 백성이 자기들을 위하여 금신을 만들었사오니 큰 죄를 범하였나이다 그러나 합의하시면 이제 그들의 죄를 사하시옵소서 그렇지 않사오면 원컨대 주의 기록하신 책에서 내 이름을 지워 버려 주옵소서"(출 32:31~32)

얼마나 놀라운 사랑의 간구입니까. 또한 민수기 12장 3절을 보면 "모세는 온유함이 지면의 모든 사람보다 승하더라" 했으며, 7절에는 "내 종 모세와는 그렇지 아니하니 그는 나의 온 집에 충성됨이라" 말씀합니다. 모세는 이처럼 큰 사랑과 온유한 마음을 지니고 있었기에 온 집에 충성하며 하나님과 깊은 사귐을 이룰 수 있었습니다.

빛 가운데 행할 때 임하는 축복

세상의 빛으로 오신 예수님께서는 오직 진리를 가르치고 천국 복음을 증거해 주셨지만, 어둠을 좇는 사람들은 원수 마귀에 속하므로 빛을 깨닫지 못했습니다. 오히려 빛을 싫어하고 대적함으로 받아들이지 못하니 결국은 멸망의 길로 갔습니다.

그러나 마음이 선한 사람은 진리의 빛을 통해 자신의 죄를 깨닫고 회개함으로 구원에 이릅니다. 성령의 소욕을 좇아감으로 어둠에서 나와 빛 가운데 행합니다. 이러한 사람은 설령 지혜가 부족하고 능력이 모자란다 해도 아무 문제가 되지 않습니다. 바로 빛이신 하나님과 교통을 이루고 성령의 음성과 주관을 따라 하늘의 지혜를 받을 수 있기 때문입니다.

거미줄같이 얽히고설킨 문제라 해도 성령께서 친히 갈 길을 알려 주시니 막힐 것이 없고, 혹 장애물이 있더라도 피해 갈 수 있습니다. 고린도전서 3장 18절에 "너희 중에 누구든지 이 세상에서 지혜 있는 줄로 생각하거든 미련한 자가 되어라" 하신 대로 세상 지혜는 하나님 앞에 미련한 것임을 알아야 합니다.

"오직 위로부터 난 지혜는 첫째 성결하고 다음에 화평하고 관용하고 양순하며 긍휼과 선한 열매가 가득하고 편벽과 거짓이 없나니"(약 3:17) 말씀하셨으니 우리가 성결을 이루고 빛으로 들어가면 하늘로서 지혜와 명철이 옵니다. 더구나 빛 가운데 거하면 가진 것이 없어도 행복하고 부족해도 부족함을 느끼지 못하는 차원에 이릅니다.

사도 바울이 "어떠한 형편에든지 내가 자족하기를 배웠노니"(빌 4:11)라고 고백한 것처럼 빛 가운데 거하면 하나님과 화평을 이루어 늘 마음에 평강이 넘치고 기쁨이 샘솟습니다. 어떠한 사람과도 다투거나 불목할 일이 없고, 사랑과 은혜가 넘쳐 항상 감사의 고백이 끊이지 않습니다.

뿐만 아니라 빛 가운데 행하며 하나님을 닮아 가는 만큼 "사랑하는 자여 네 영혼이 잘됨같이 네가 범사에 잘되고 강건하기를 내가 간구하노라"(요삼 1:2) 말씀하신 대로 만사형통의 축복은 물론 하나님의 권세와 능력, 권능까지도 받을 수 있습니다.

사도 바울이 주님을 만난 후 온전히 빛 가운데 행하니 하나님께서는 그를 이방인의 사도로서 놀라운 권능을 행하게 하셨습니다. 비록 선지자나 주님의 제자가 아니라 해도 빛 가운데 행하기만 하면 스데반이나 빌립과 같은 집사를 통해서도 크게 역사하신 것을 볼 수 있지요.

사도행전 6장 8절을 보면 "스데반이 은혜와 권능이 충만하여 큰 기사와 표적을 민간에 행하니" 했고, 사도행전 8장 6~7절에는 "무리가 빌립의 말도 듣고 행하는 표적도 보고 일심으로 그의 말 하는 것을 좇더라 많은 사람에게 붙었던 더러운 귀신들이 크게 소리를 지르며 나가고 또 많은 중풍병자와 앉은뱅이가 나으니" 했습니다.

이처럼 빛 가운데 행하며 성결한 만큼 권능을 행할 수 있는데 실제로 권능을 행했던 사람은 많지 않았습니다. 또한 권능을 행한다 해도 빛이신 하나님을 얼마나 닮았느냐에 따라 권능의 정도가 달랐습니다.

과연 나는 빛 가운데 살고 있는가?

우리가 빛 가운데 행할 때 임하는 축복을 받아 누리기 위해서는 무엇보다 "내가 빛 가운데 살고 있는가?" 점검해 보아야 합니다. 구체적인 문제는 없다 해도 오랫동안 미지근한 신앙생활을 하며 아직도 성령의 음성과 주관을 받지 못한다면 신속히 영적인 잠에서 깨어나야 합니다.

어느 정도 악의 모양을 버렸다고 해서 그것으로 만족해서는 안 됩니다. 어린아이가 자라 어른이 되는 것처럼 우리의 신앙도 성장하여 장성한 아비의 분량에까지 이르러야 합니다. 그리하여 하나님과 밝히 교통하며 영적으로 깊은 사귐이 있어야 하는 것입니다.

또한 성결을 향해 달려가는 분들이라면 자신에게 있는 세세한 악의 모양까지도 철저히 발견하여 뽑아 버려야 합니다. 윗사람이 되고 권세가 생길수록 아랫사람들을 더욱 섬기며 비록 어린 사람의 말이라도 겸손히 귀기울일 수 있어야 합니다.

설령 악을 행하는 사람이라 해도 감정을 품지 않고 덕과 사랑으로 포용하여 상대를 감동시킬 수 있어야 합니다. 부족한 사람에 대해서도 무시하는 말이나 자신의 의 가운데 화평을 깨는 일이 있어서는 안 됩니다.

오히려 가난한 사람, 연약한 사람일수록 사랑을 주어야 합니다. 건강한 자녀보다는 아픈 자녀에게 더 마음을 쓰는 부모처럼 부족한 사람을 보면 더 마음에 품고 기도하며, 마음 중심에서 섬길 수 있어야 합니다. 뿐만 아니라 하나님의 일을 이룸에 있어서도 스스로 공을 내세우는 것이 아니라 함께 수고한 다른 사람들에게 공을 돌리며 그들이 칭찬받고 인정받는 것을 기뻐해 줄 수 있어야 합니다.

이처럼 주님의 마음을 닮은 자녀라면 어찌 하나님께 사랑을 입지 않겠습니까. 하나님께서 에녹과 300년간이나 동행하셨던 것처럼 항상 동행하며 강건함과 만사형통의 축복은 물론, 권능까지도 주어 귀하게 사용하십니다. 그러므로 스스로 믿음이 있고 하나님을 사랑한다고 생각하는 분들이라 해도 다시 한 번 자신을 돌아보아 하나님의 사랑받는 증거들과 사귐의 증거가 넘쳐나야 하겠습니다.

한정희 (남, 41세 • 인도 첸나이만민교회 담임)

악한 영이 물러가는 역사를 보며

스물네 살의 죠슈아는 1년 전부터 인도 첸나이만민교회에 출석하고 있다. 조상 대대로 우상을 섬기던 힌두교도였으나 어머니 제야메리와 여동생 쌍기다는 주님을 영접하였다.
죠슈아는 성격이 조용하고 차분한 청년이다. 그런데 가정 예배를 드릴 때마다 심한 경련을 일으켰다. 때로는 폭력을 휘두르는 등 비정상적인 행동을 보여 뒤늦게 그가 귀신 들린 사실을 알았다. 그는 6, 7년 전부터 심장병을 앓았다. 또 2, 3년 전부터는 아무 때나 난폭한 행동을 했다.
죠슈아에게 손수건을 얹고 기도해 주었을 때 경련을 일으키며 귀신이 나갔다. 곧 원래의 밝고 순수한 모습으로 돌아왔다. 하지만 며칠 뒤 그런 모습은 거짓말처럼 사라졌다. 악한 영이 다시 들어온 것이다.
2008년 1월 12일, 이날도 폭력을 휘두르는 그에게 겨우 손수건 기도를 해 주었다. 이때 엎드려 소리 지르며 다음과 같은 내용을 이야기했다. 죠슈아에게 들어간 악한 영이 토로한 것이다.

"나는 죠슈아의 고향 토지 경계선 나무 밑에서 그의 생명을 뺏기 위해 들어왔다."
같은 내용을 되풀이하며 '사쿠마'라는 사람의 이름을 끄집어냈다.
가족에게 확인해 보니 실제로 사쿠마라는 사람이 고향집 이웃에 살고 있다고 했다. 그와는 토지 문제로 사이가 좋지 않았다.
1월 14일 월요일, 아침 일찍 죠슈아의 가족과 고향 간디게이 지역을 찾아갔다. 거기서 새로운 사실을 알게 되었다.
악한 영이 지명한 사쿠마라는 사람은 흑마술(블랙매직)사로, 감정이 좋지 않은 사람에게 저주를 하고 있었다. 저주하는 방법 중에 저주 대상의 첫 아들 이름을 동판에 새긴 후 나무 밑에 파묻는 의식이 있었음을 확인했다.
"하나님께서는 손수건 기도로 죠슈아가 온전케 될 수 있는 길을 알려 주신 것입니다. 죠슈아에게 악한 영이 들어간 근본을 해결하려면 그의 이름을 새긴 동판을 찾아 불살라야 합니다."

첸나이로 돌아온 후 얼마 되지 않아, 죠슈아가 갑작스레 발작했다. 죠슈아의 상태는 더 심각해져 그의 손발을 묶어 집 안에 가두어 놓아야 했다. 결국 가족이 그의 손을 묶은 채 데리고 왔다.
죠슈아에게 손수건을 얹고 기도해 준 뒤에야 격렬한 움직임이 잠잠해졌다. 그리고 화상으로 이재록 목사의 환자 기도를 받은 후 정상적인 모습으로 돌아왔다.
며칠 후, 그의 어머니 제야메리로부터 놀라운 간증을 들었다.
"목사님 말씀대로 고향에 가서 우상 숭배에 사용되는 두 개의 나무를 뿌리째 뽑아 불태우려 했으나 사람들이 꺼리며 선뜻 나서지 않았습니

타밀나두 주 목회자 세미나를 인도하는 한정희 목사

다. 혹 무슨 일을 당하지 않을까 겁이 난 겁니다. 그래서 제가 나무 뿌리에 불을 놓기 위해 접근했지요. 그런데 첫 번째 나무 뿌리 근처로 다가서자 '물러가라, 물러가라'는 음성이 들렸습니다.
음산한 음성에 덜컥 겁이 났습니다. 하지만 아들을 위해 용기를 내 나무를 모두 태워버렸습니다. 그 뒤 죠슈아는 온전해졌고, 계속 하나님 말씀을 들으면서 기도하고 있습니다. 아들을 흉악한 결박에서 벗어날 수 있게 해 주신 하나님께 감사를 드립니다."
첸나이만민교회 성도들은 이 사건을 통해 영적 세계를 깨닫고 큰 믿음을 갖게 되었다. 우상 숭배가 죄라는 사실조차 알지 못하고 고통받는 인도 영혼들을 구원하기 위한 하나님의 특별한 긍휼과 은혜라 믿는다.

- 『희한한 능』 中에서 -

Chapter 5
빛의 권능

권능은 하나님의 마음을 닮아
성결을 이룬 사람에게만 주어집니다.

신이라 여길 정도로 큰 권능을 행한 사도 바울

빛이신 하나님께 속한 권능

하나님의 권세와 능력, 권능의 차이

신유의 은사와 권능의 차이점

빛이신 하나님의 권능 4단계

창조의 최상의 권능

권능을 받아 많은 영혼을 구원하려면

우리가 저에게서 듣고
너희에게 전하는 소식이 이것이니
곧 하나님은 빛이시라
그에게는 어두움이 조금도 없으시니라

요한일서 1:5

성경을 보면 예수님을 통해 많은 영혼이 구원받고 치료와 응답을 받았던 것을 알 수 있습니다. 눈먼 사람이 눈을 뜨고 말하지 못하던 사람이 말을 하며 듣지 못하던 사람이 듣게 되었습니다. 손 마른 자가 온전케 되고 걷지 못하던 사람이 일어나 걸었으며 중풍병자가 치료된 것입니다. 그 외에도 귀신이 나가고 죽은 자도 다시 살아났습니다.

이러한 권능의 역사들은 예수님을 통해서만 나타난 것이 아닙니다. 구약 시대의 선지자나 신약 시대의 사도들을 통해서도 나타났습니다. 뿐만 아니라 스데반이나 빌립과 같은 집사를 통해서도 나타났지요. 물론 예수님께서 행하신 것과는 비교할 수 없지만, 빛 가운데 행하며 주님을 닮아 성결한 사람들에게 하나님께서 권능을 주셔서 사용하신 것입니다.

신이라 여길 정도로 큰 권능을 행한 사도 바울

사도 바울은 신약 성경에 나오는 인물 중에서 예수님 다음으로 큰 권능을 행한 사람입니다. 그는 하나님을 알지 못하는 이방인들에게 복음을 전할 때 권세 있는 말씀과 함께 따르는 기사와 표적, 즉 권능으로 참 신이신 하나님과 예수 그리스도를 증거했습니다.

그 당시 사람들을 미혹할 만한 주술 행위가 성행한 것으로 보아 사회적으로 우상 숭배가 극도로 범람했을 것입니다. 이러한 사람들에게 복음을 전하기 위해서는 그들이 본 거짓 술수나 악한 영의 역사와는 차원이 다른 권능의 역사가 반드시 따라야 했습니다(롬 15:18).

한번은 사도 바울이 루스드라에서 복음을 전할 때 나면서부터 걷지 못하던 사람을 향해 "네 발로 바로 일어서라"고 명하자 곧 그가 뛰어 걷게 되었습니다. 이 광경을 지켜본 사람들은 바울을 가리켜 "신들이 사람의 형상으로 우리 가운데 내려오셨다"(행 14:8~11) 고백하였지요.

또한 사도 바울이 여행 중에 탄 배가 파손하여 멜리데라는 섬에 도착했을 때였습니다(행 28장). 옷이 젖은 데다 비까지 내려 몹시 추웠지요. 다행히 섬에 사는 토인들이 불을 피워 몸을 녹일 수 있게 해 줍니다. 그때 바울이 불을 더 지피려고 나무를 뜨거운 불 속에 넣는 순간이었습니다. 어떻게 숨어 있었는지 갑자기 나무 사이에서 독사가 튀어나와 바울의 손을 물고 말았습니다.

이를 본 토인들은 사도 바울이 온몸에 독이 퍼져 몸이 붓든지 갑자기 엎드러져 죽을 것으로 생각했습니다. 하지만 예상과 달리

시간이 지나도 그에게는 아무런 이상이 없었습니다. 이 모습에 놀란 토인들은 도리어 바울을 신이라 여겼습니다. 사도 바울은 하나님 앞에 합당한 중심을 소유했기에 사람들이 신이라고 여길 정도로 놀라운 권능을 행할 수 있었던 것입니다.

빛이신 하나님께 속한 권능

권능은 사모한다고 해서 그냥 주어지는 것이 아닙니다. 그만큼 하나님을 닮아 성결을 이룬 사람에게만 주어집니다. 오늘날도 하나님께서는 권능을 주어 영광의 도구로 사용할 만한 사람을 두루 찾고 계십니다. 수많은 영혼을 구원의 길로 인도하기 위해서는 반드시 권능을 받아 기사와 표적으로 살아 계신 하나님을 증거해야 합니다. 더구나 죄악이 두루 퍼진 오늘날에는 더욱 기사와 표적이 필요하지요.

"제자들이 나가 두루 전파할새 주께서 함께 역사하사 그 따르는 표적으로 말씀을 확실히 증거하시니라" (막 16:20)

"너희는 표적과 기사를 보지 못하면 도무지 믿지 아니하리라" (요 4:48)

"내가 진실로 진실로 너희에게 이르노니 나를 믿는 자는 나의 하는 일을 저도 할 것이요 또한 이보다 큰 것도 하리니 이는 내가

아버지께로 감이니라"(요 14:12)

누군가 하나님만이 행하실 수 있는 권능을 행한다면 그는 분명 하나님께 속한 사람입니다. 시편 62편 11절에 "하나님이 한두 번 하신 말씀을 내가 들었나니 권능은 하나님께 속하였다 하셨도다" 하셨기 때문입니다. 원수 마귀 사단은 결코 권능을 행할 수 없다는 말이기도 합니다.

물론 그들도 영물이기 때문에 사람보다는 뛰어난 능력을 갖고 있습니다. 그 능력으로 사람들을 미혹하여 하나님을 대적하게 만듭니다. 그러나 분명한 것은 하나님만이 하실 수 있는 권능, 즉 인류의 생사화복과 역사를 주관하고 말씀으로 무에서 유를 창조하는 역사는 어느 누구도 흉내낼 수 없습니다. 권능은 오직 하나님 영역에 속한 것이며 성결을 이루어 예수 그리스도의 장성한 믿음의 분량에 이른 사람이라야 행할 수 있기 때문입니다.

하나님의 권세와 능력, 권능의 차이

일반적으로 하나님의 권세와 능력, 권능을 동일하게 생각합니다. 하지만 분명한 차이가 있습니다.

먼저 능력이란, 사람으로서는 할 수 없지만 하나님으로서는 능치 못할 일이 없는 믿음의 힘입니다. 또한 권세란, 하나님의 정하신 엄위 있고 영광스러운 힘을 나타냅니다. 영의 세계에서는 죄가 없는 것이 힘입니다. 따라서 권세란 성결 자체라고도 할 수 있지요. 마음의 악과 비진리를 온전히 버리고 성결한 하나님 자녀들은 영적 권세를 받는 것입니다.

그러면 권능이란 무엇일까요? 악은 모양이라도 버리고 성결한 사람에게 입혀 주는 권세 있는 하나님 능력을 의미합니다.

만일 운전하는 사람이 차를 몰 수 있는 능력이 있다면 교통경찰관은 차를 멈추고 세울 수 있는 권세가 있습니다. 나라에서 일정한 권한을 주었기 때문에 필요에 따라 차를 정지시킬 수도 있고 다시 출발시킬 수도 있지요. 운전자는 차를 몰고 갈 능력은 있으나 경찰관과 같은 권세가 없기 때문에 경찰관이 멈추라면 멈추고 가라면 가야 합니다.

이와 같이 권세와 능력은 다르며 이 두 가지를 겸한 경우를 권능이라 말합니다. 마태복음 10장 1절에 "예수께서 그 열두 제자를 부르사 더러운 귀신을 쫓아내며 모든 병과 모든 약한 것을 고치는 권능을 주시니라" 말씀하신 대로 권능은 더러운 귀신을 제어하고 쫓아낼 수 있는 권세와 함께 모든 병과 약한 것을 고치는 능력까지 포함하는 것입니다.

신유의 은사와 권능의 차이점

권능에 대해 잘 모르는 사람들은 신유의 은사와 동일하게 생각합니다. 하지만 권능과 신유의 은사는 전혀 다릅니다. 고린도전서 12장 9절에 나오는 병 고치는 은사 곧 신유의 은사는 주로 균에 의해 생긴 질병들의 균을 태워 치료하는 것이지요. 따라서 신유의 은사로는 신체 조직의 일부가 퇴화되었거나 신경 세포가 손상되어 듣지 못하고 말하지 못하는 사람을 치료할 수 없습니다. 이러한 경우는 하나님의 권능이 있어야만 가능합니다. 권능을 받은 사람이 하나님 뜻에 맞추어 믿음으로 기도할 때라야 치료할 수 있는 것입니다.

또한 권능은 일단 주어지면 항상 나타나는 것이지만 신유의 은사는 그렇지 않습니다. 신유의 은사는 성결과는 크게 상관없이 영혼을 사랑하는 마음으로 많은 기도를 쌓을 때, 그리고 하나님께서 보시기에 담대하여 쓸 만한 그릇이면 주십니다. 그러나 신유의 은사를 하나님 영광을 위해 사용하지 않고 자기 유익을 구하는 수단으로 쓰는 등 합당치 않게 사용한다면 다시 거두십니다.

반면에 권능은 성결을 이룬 사람에게 주어지기 때문에 한 번 받으면 약해지거나 사라지지 않습니다. 마음에 악이 없으니 자기를 드러내거나 유익을 좇아 사용할 리가 없기 때문입니다. 오히려 주님의 마음을 닮아 갈수록 높은 단계의 권능을 입혀 주셔서 더 큰 역사를 베풀게 됩니다. 만일 마음과 행함이 온전히 주님과 하나가 된다면 주님께서 베푸신 권능도 행할 수 있습니다.

이처럼 권능과 신유의 은사는 크게 다릅니다. 신유의 은사로는 중한 병이나 희귀병을 치료하기가 쉽지 않습니다. 더욱이 환자가 믿음이 적은 경우에는 더 어렵지요. 그러나 권능으로는 능치 못할 일이 없으며 환자가 조금만 믿음을 내보여도 단번에 역사되는 것입니다. 여기서 믿음이란 마음 중심에서 믿어지는 영적 믿음입니다.

빛이신 하나님의 권능 4단계

예수 그리스도는 어제나 오늘이나 영원토록 동일하십니다(히 13:8). 따라서 오늘날에도 누구든지 하나님 보시기에 합당한 그릇이 되면 예수님 당시와 같이 권능을 나타낼 수 있습니다. 이러한 권능에도 여러 단계가 있어서 얼마나 영으로 일구었느냐에 따라 더 높은 권능의 단계로 들어갑니다. 권능은 단계별로 영적인 빛이 다르며, 4단계로 나눌 수 있습니다.

권능의 1단계는 성령의 불로 태우는 붉은 빛의 권능입니다.

권능의 1단계에서 나가는 성령의 불은 온갖 병균이나 바이러스, 세균 등에 의해 생긴 갖가지 질병들을 태워서 치료합니다. 암, 폐병, 당뇨병, 백혈병, 신장병, 관절염, 심장병, 에이즈와 같은 질병을 치료하는 것입니다. 그렇다고 해서 이러한 질병들이 권능의 1단계에서 모두 치료되는 것은 아닙니다. 암 말기나 폐병 말기 같은 경우, 하나님께서 정해 놓은 생명 선을 넘으면 권능의 1단계에서 치료되기가 쉽지 않기 때문입니다.

몸의 조직이 망가지고 기능을 상실했을 경우에는 병균뿐 아니라 창조의 역사로 조직을 새롭게 만들어야 하므로 더 큰 권능이 필요합니다. 그러나 이런 경우라 해도 환자가 얼마나 믿음을 내보이고 주변의 가족들이 사랑으로 하나 되어 믿음을 내보이느냐에 따라 하나님 역사가 나타날 수 있습니다. 제가 시무하는 교회에서는 개척 때부터 성도들이 하나님 말씀에 순종하며 기도를 받으면 어떤 중한 병이든 상관없이 깨끗이 치료되었습니다.

권능의 1단계라고 해서 성령의 불로 태우는 역사만 나타나는 것은 아닙니다. 순간적으로 성령의 감동 감화 충만함이 임하여 믿음으로 기도하면 그 이상의 역사도 나타낼 수 있습니다. 물론 온전히 권능이 임해 있는 것은 아니기 때문에 하나님 뜻에 합당한 경우에만 이러한 역사가 일어납니다.

권능의 2단계는 푸른 빛을 통해 역사되는 권능입니다.

말라기 4장 2절에 "내 이름을 경외하는 너희에게는 의로운 해가 떠올라서 치료하는 광선을 발하리니 너희가 나가서 외양간에서 나온 송아지같이 뛰리라" 하신 대로 영안이 열린 사람들은 레이저 광선과 같은 권능의 빛들이 쏟아지면서 단계별로 치료하는 것을 볼 수 있습니다.

권능의 2단계에서는 주로 귀신 들린 사람, 사단의 역사를 받는 사람 등 어둠의 세력에 시달리는 사람에게서 어둠을 물리치는 역사가 나타납니다. 어둠의 세력으로 인한 자폐증이나 정신이상과 노이로제, 신경쇠약 등 각종 신경성 질병도 치료가 됩니다. 사람의 생각을 주관하여 악한 마음을 품게 하는 어둠의 세력을 물리쳐 주면 정신적으로나 신경성으로 오는 질병은 자연히 치료됩니다.

때로는 권능의 2단계의 빛을 통해 질병이 치료되고 표적이 따르기도 합니다. 이는 질병이나 약한 것이 귀신이나 어둠의 세력으로부터 비롯된 경우입니다. 여기서 약한 것이란 농아인이나 시각장애인과 같이 보지 못하고 듣거나 말하지 못하는 경우, 소아마비 등과 같이 신체 기능이 마비되거나 퇴화된 경우입니다.

한 예로, 예수님이 듣지 못하고 말하지 못하는 아이를 치료하신 경우가 이에 해당합니다(막 9장). 그 아이는 귀신 들려 듣지도 말하지도 못하였고 자주 경련을 일으키며 입에 거품을 물고 쓰러지곤 했습니다. 아이를 보신 예수님께서 말씀하십니다.

"벙어리 되고 귀 먹은 귀신아 내가 네게 명하노니 그 아이에게서 나오고 다시 들어가지 말라"

그러자 즉시 귀신이 나가니 아이가 듣고 말하게 되었습니다. 이처럼 질병의 원인이 어둠의 세력에 의한 것이라면 어둠을 물리쳐 줌으로써 치료해야 합니다. 만약 어떤 사람이 사단의 역사를 받아 신경쇠약과 소화기 계통에 이상이 왔다면 어둠의 세력을 물리쳐 근본 원인을 제거해야 비로소 치료됩니다. 때로는 중풍이나 관절염과 같은 질병 중에도 어둠의 세력이 역사하는 경우가 있습니다. 또한 병원에서 진료해 보면 몸에 특별한 이상이 없는데도 이유 없이 이곳저곳 아픈 경우가 있지요.

이런 사람들에게 기도하면 가증한 짐승의 형상을 한 어둠의 세력이 몸에서 나가는 것을 봅니다. 이와 같이 권능의 2단계에서는 어둠의 세력으로 인해 생겨나는 질병의 치료뿐 아니라 가정이나 사업터, 일터에 있는 어둠이 물러갑니다.

　죽은 사람의 영혼을 하나님 뜻 가운데 다시 불러오거나 반대로 거두어 가는 것도 바로 권능의 2단계에서 나타나는 역사입니다. 사도 바울이 죽은 유두고를 살린 경우나(행 20:9~12), 사도 베드로가 성령을 속인 아나니아와 삽비라를 저주하니 그들의 혼이 떠난 경우(행 5:1~11), 엘리사가 저주하니 암콤 둘이 나와서 많은 아이를 물어 죽인 것도 여기에 속합니다(왕하 2:23~24).

　그런데 사도 바울과 베드로, 엘리사가 행한 것과 예수님이 행하신 경우와는 근본적인 차이가 있습니다. 결국은 모두 영혼의 주인이신 하나님 뜻에 합당한 경우라야 가능하지만, 예수님께서는 근본 하나님의 본체시니 그 뜻이 하나님과 하나입니다. 그래서 다만 말씀으로만 명하셔도 죽은 자가 살아나는 역사가 일어납니다(요 11:43~44). 반면에 선지자나 사도들은 먼저 하나님께 구하여 합당한 경우에만 이러한 일을 나타낼 수 있었습니다.

권능의 3단계는 흰(무색) 빛으로 창조의 역사가 따릅니다.

　권능의 3단계에서는 흰색 또는 무색의 빛으로 역사되며 모든 종류의 표적과 함께 창조의 역사가 따르는 것입니다. 여기서 표적이란 보이지 않던 눈이 보이며, 말하지 못하던 사람이 말을 하고,

들리지 않던 귀가 들리는 것을 말합니다. 또한 걷지 못하던 사람이 일어나 걷고 짧았던 다리가 길어지며 소아마비나 뇌성마비가 온전해지는 역사 등을 말하지요.

이 밖에도 나면서부터 기형이나 불구가 된 신체 부분이나 퇴화한 신체 조직이 온전케 됩니다. 부스러진 뼈나 끊어진 힘줄이 붙는 것도 권능의 3단계에서 일어나는 역사입니다. 뿐만 아니라 필요에 따라 권능의 1, 2, 3단계의 빛이 동시에 역사할 수 있기 때문에 어떠한 질병이나 연약함도 문제되지 않습니다. 설령 전신에 깊은 화상을 입어 세포와 근육까지 타 버린 경우나 끓는 물에 살이 익어 버린 경우라 해도 하나님께서 권능의 3단계 빛으로 모든 것을 새롭게 창조해 주십니다.

무에서 유를 창조하시는 것도 얼마든지 가능한 일입니다. 제가 시무하는 교회에서는 권능의 손수건 기도나 음성전화사서함 기도를 통해서도 심하게 손상된 폐가 소생하고 이식 수술이 필요한 신장이나 간이 정상이 되는 등 권능의 3단계에서 역사되는 창조의 권능이 끊임없이 나타나고 있습니다.

여기서 우리가 알아야 할 것이 있습니다. 약해진 몸의 기능이 회복되었다면 이는 권능의 1단계에서 나타나는 역사이지만, 회복

불능 상태가 된 몸의 기능이 다시 살아났다면 이는 창조의 권능으로서 3단계에서 나타나는 역사입니다.

권능의 4단계는 황금빛으로 역사되는 권능의 완성 단계입니다.
권능의 4단계는 만물을 지배하고 다스리는 단계로서 천기를 움직이는 기사가 나타납니다. 무생물도 명하는 대로 순종하는 단계입니다. 예수님께서 바람과 바다를 꾸짖으시니 아주 잔잔케 되었다고 했습니다(마 8:23~27). 바람과 바다와 같은 자연이나 무생물이라 해도 예수님 말씀에 그대로 순종하는 것이지요.

또한 예수님께서 베드로에게 깊은 데로 가서 그물을 내려 고기를 잡으라고 명하셨을 때 그가 순종하니 그물이 찢길 정도로 많은 고기를 잡을 수 있었습니다(눅 5:4~6). 한번은 바다에 가서 낚시를 던져 먼저 오르는 고기의 입을 열어 그 안에 있는 돈 한 세겔로 성전세를 내게 하셨지요(마 17:24~27). 이처럼 온전한 믿음을 소유하면 바라는 것들의 실상이 나타나고 보지 못하는 것들의 증거가 나타납니다(히 11:1).

또한 권능의 4단계는 시공을 초월하는 역사가 따릅니다. 한 여인이 예수님을 찾아와 딸에게서 귀신을 쫓아 주기를 간청했습니다(막 7:24~30). 여인의 겸비함과 믿음을 보신 예수님께서는 즉시로 그 여인에게 응답하십니다.

"돌아가라 귀신이 네 딸에게서 나갔느니라"

과연 집에 돌아가 보니 이미 아이에게서 귀신이 나갔고 깨끗이 치료되었습니다. 이처럼 예수님께서는 직접 병자가 있는 곳에 가지 않고 단지 말씀으로만 명하면 시공을 초월한 역사가 일어났던 것입니다. 물 위를 걸으신 사건 또한 예수님만이 행하신 권능의 역사로서 만물이 예수님 권세 아래 있다는 것을 말해 줍니다.

제가 시무하는 교회에는 각종 기사가 펼쳐지고 있습니다. 억수같이 쏟아지던 비가 기도할 때 순식간에 멎는다든가 몰려오던 먹장구름이 물러가기도 합니다. 구름 한 점 없던 하늘에 갑자기 사방에서 구름이 몰려와 하늘을 덮는 일도 나타났습니다.

뿐만 아니라 연탄 가스에 중독된 경우라 해도 기도하고 1, 2분이 지나면 깨어나 후유증 없이 온전하게 회복되었습니다. 의학적으로 치료가 불가능한 전신 3도 화상을 입은 사람에게 "화기야, 물러가라." 기도하면 그 즉시 역사되는 등 무생물이 순종하는 역사들도 나타났습니다.

그 외에도 시공을 초월한 권능의 역사가 지속적으로 나타나고 있습니다. 신시아의 경우, 멀리 파키스탄에 있었지만 서울에서 그녀의 사진에 손을 얹고 기도하니 즉시 치료되어 건강을 되찾았습니다. 현지 의사들이 회생하기 어렵다고 했던 아이가 그 시간을 기점으로 회복된 것입니다.

이처럼 권능의 4단계에서는 시공을 초월한 권능이 나타납니다. 질병이 치료되고 어둠의 세력이 떠날 뿐만 아니라, 표적이 나타나고 만물이 순종하는 등 권능의 1, 2, 3, 4단계에 속한 모든 역사가 나타날 수 있습니다.

창조의 최상의 권능

예수님이 나타내신 일들은 권능의 4단계보다 더 윗단계의 권능입니다. 곧 창조주가 가지고 계신 창조의 최상의 권능으로 역사된 것입니다. 피조물로서 하나님께로부터 받은 권능의 차원이 아닙니다. 태초에 하나님께서 홀로 계실 때 발하던 근본의 빛으로부터 나오는 권능이지요.

예수님께서 죽은 지 나흘이나 지난 나사로를 살리신 경우가 이에 해당합니다(요 11장). 나사로는 죽은 지 나흘이나 지났고 이미 장사까지 치른 상태였습니다. 그런데 썩어 냄새 나는 나사로의 시체를 향해 예수님께서 큰 소리로 "나사로야 나오라"고 부르십니다. 그러자 그가 살아나 걸어 나온 것입니다.

그런데 우리가 악은 모든 모양이라도 버리고 하나님 마음을 닮은 온 영으로서 무한한 영의 지식들을 채워 가면 권능의 4단계를 넘어선 그 이상의 차원으로 발전할 수 있습니다. 신의 차원에서 베풀어지는 권능, 곧 창조의 최상의 권능의 단계에 이르는 것입니다. 이것을 온전히 이루면 하나님께서 말씀으로 천지 만물을 창조하실 때와 같이 놀라운 창조의 역사들이 일어납니다.

만일 앞을 보지 못하는 사람에게 "눈을 떠라" 명하면 그 즉시 보게 됩니다. 말하지 못하는 사람에게 "말하라" 명하면 그 즉시 입이 열리고 혀가 풀리지요. 또한 걷지 못하는 사람에게 "일어나라" 명하면 그 즉시 일어나 걷고 뛰며, 이미 썩어서 냄새나는 상처 부위도 순간에 새롭게 소생하는 것입니다.

이는 태초에 홀로 계시던 하나님의 빛과 소리로 역사되는 것입니다. 빛 안에 담긴 무한한 창조의 능력을 소리로써 발하는 순간에 역사되는 것이지요. 그래서 이미 생명선을 넘어 버린 경우나 권능의 1, 2, 3, 4단계에서는 치료할 수 없는 것들도 치료되는 것이지요.

권능을 받아 많은 영혼을 구원하려면

그러면 우리가 어떻게 해야 권능으로 무수한 영혼들을 구원의 길로 인도할 수 있을까요? 먼저, 악은 모든 모양이라도 버려 성결을 이루는 것은 물론, 최고의 선을 사모해야 합니다.

선이 무엇입니까? 예를 들어, 자신을 힘들게 하고 피해를 주는 사람이 속으로는 불편하고 싫으면서도 내색하지 않는다면 과연 선한 것일까요? 이는 하나님 편에서 보실 때 선이 아닙니다. 설령 악한 사람에 대해 아무런 마음의 요동이나 불편함 없이 참고 인내한다 해도 하나님 편에서 보실 때에는 가장 초보적인 선의 단계에 불과하지요.

참된 선은 나를 힘들게 하고 해를 끼치는 사람에 대해서도 오히려 상대를 감동시킬 수 있는 말과 행함이 따릅니다. 나아가 하나님께서 진정 바라는 최고의 선은 원수를 위해서라도 생명까지 줄 수 있어야 합니다. 예수님께서는 최고의 선을 지니셨기 때문에 자신을 십자가에 못 박는 사람들도 용서하시고, 그들까지도 사망에서 구원하기 위해 기꺼이 생명을 주셨던 것입니다.

또한 모세나 사도 바울도 자신을 해하고 죽이려 하는 사람들을 위해서 기꺼이 자신의 생명을 내주고자 했습니다. 이스라엘 백성이 큰 기사와 표적을 보면서도 하나님을 대적하고 원망하자 하나님께서 그들을 멸하고자 하셨습니다. 그때 모세는 과연 어떻게 행했습니까? "그러나 합의하시면 이제 그들의 죄를 사하시옵소서 그렇지 않사오면 원컨대 주의 기록하신 책에서 내 이름을 지워 버려 주옵소서"(출 32:32) 하고 간절히 기도했습니다.

사도 바울도 마찬가지입니다. "나의 형제 곧 골육의 친척을 위하여 내 자신이 저주를 받아 그리스도에게서 끊어질지라도 원하는 바로라"(롬 9:3) 고백할 정도로 최고의 선을 이루었기 때문에 놀라운 권능의 역사가 따랐던 것입니다.

다음으로, 영적인 사랑을 이루어야 합니다.

오늘날은 말로는 쉽게 "사랑한다" 하지만 대부분 시간이 지나면 변질되는 육적인 사랑에 불과합니다. 그러나 하나님께서 베푸신 사랑은 날이 갈수록 더욱 승화되는 영적인 사랑입니다. 고린도전서 13장에 잘 나와 있지요.

먼저 "사랑은 오래 참고 사랑은 온유하며 투기하는 자가 되지 아니한다" 했습니다. 예수님께서는 우리의 허물과 죄를 다 용서해 주셨습니다. 용서받지 못할 사람에 대해서도 끝까지 참아 주심으로 구원의 길을 열어 주셨지요. 그런데 우리 마음은 형제의 허물과 죄를 드러내고 마음에 맞지 않으면 쉽게 짜증을 내거나 판단, 정죄하지는 않습니까? 나보다 다른 사람이 잘되는 것을 시기하거나 서운한 마음이 들지는 않았는지요?

또한 "사랑은 자랑하지 아니하며 교만하지 아니한다" 했으니 겉으로는 주님께 영광을 돌린다고 하지만 속으로는 인정받기 원하고 드러내기 원하는 마음, 자신의 위치와 권세를 가지고 다른 사람을 무시하거나 가르치려는 마음 등이 없어야 합니다.

그리고 "사랑은 무례히 행치 아니하며 자기의 유익을 구치 아니하며 성내지 아니하며 악한 것을 생각지 않는다" 했습니다. 곧 하나님과 사람들에게 무례히 행하는 모습, 자신의 유익을 좇아 쉽게 변개하며 다른 사람을 누르고서라도 자신이 올라가려고 하는 모습, 사사로운 일에도 감정을 품고 성내는 모습, 상대에 대해 부정적이고 악하게 생각하는 모습 등이 없어야 합니다.

그 외에도 "사랑은 불의를 기뻐하지 아니하며 진리와 함께 기뻐하는 것이라" 했으니 오직 진리 안에서 행하며 기뻐해야 합니다. 요한삼서 1장 4절에 "내가 내 자녀들이 진리 안에서 행한다 함을 듣는 것보다 더 즐거움이 없도다" 말씀하신 대로 진리가 곧 나의 기쁨과 행복이 되어야 합니다.

마지막으로 "사랑은 모든 것을 참으며 모든 것을 믿으며 모든 것을 바라며 모든 것을 견디느니라" 했습니다. 진정 하나님을 사랑하는 사람은 하나님 뜻을 알게 되니 모든 것을 믿습니다.

주님의 재림과 믿는 자의 부활, 하늘나라 상급 등을 믿으니 소망 가운데 모든 시련을 이기며 견딜 수 있는 것입니다.

하나님께서는 선과 사랑 등 진리를 좇아 행하는 사람에게 사랑하는 증거를 나타내 주고자 권능을 주시는 것입니다. 또한 빛 가운데 행하고자 힘쓰는 사람을 만나 주고 응답해 주기를 원하십니다. 그러므로 하나님의 응답과 축복을 받기 원하는 분들은 신속히 자신을 발견하고 빛 되신 하나님을 닮아 성결되어 하나님의 권능을 체험하시기 바랍니다.

윌슨 존 길 (남, 52세 • 파키스탄 라호르)

셀리악 병으로
죽어가던 딸

1999년 7월, 어느 새벽이었다. 막내딸 신시아가 갑자기 심하게 구토해서 기도를 해 주고 대수롭지 않게 여겼다. 그런데 딸아이는 낫지 않았다. 갈수록 심한 구토와 설사, 혈변이 있어 결국 파키스탄 라호르의 라쉬드 병원에 입원하였다.

담당 의사는 대장 폐쇄를 동반한 '셀리악'이란 병으로, 급히 수술하지 않으면 사망한다는 진단을 내렸다.

"문제는 아이의 몸 상태가 너무 좋지 않아 수술도 어렵습니다. 또 수술을 한다 해도 워낙 체력이 약해서 수술 도중 사망할 가능성까지 있습니다…"

속수무책의 상황에서 병세는 점점 악화되었다. 신시아는 참을 수 없는 고통과 싸우고 있었지만 아무것도 해 줄 수 없는 나는 그저 눈물로 기도해 줄 뿐이었다.

마침 한국에 있던 큰딸 마리아가 절박한 상황을 알고 이재록 목사에게 기도를 요청했다. 신시아 사진을 가지고 찾아간 것이다.

1999년 7월 23일, 마리아는 신시아 사진 위에 기도를 받았다. 그 순간 하나님은 역사하셨다.

한국 시간 오후 10시 49분, 사진 위에 기도를 받은 바로 그 시간 신시아는 10일 만에 처음으로 대변을 볼 수 있었다. 고통을 호소하며 괴로워하던 신시아가 기력을 되찾더니 급속도로 병세가 호전되었다. 다음 날 자리에서 일어나 앉았고 3일 뒤 병원에서 퇴원하였다.

2000년 10월, 신시아와 함께 꽃다발을 들고 공항을 찾았다. 파키스탄 연합대성회의 강사로 서는 이재록 목사를 맞이하기 위해서였다. 딸은 죽을 수밖에 없는 자신을 살려준 이 목사를 반겼다. 언제 아팠느냐는 듯 건강한 소녀로 성장한 딸을 보며 나 역시 다시 한 번 감사했다.

복음의 불모지와 같은 이곳 파키스탄에서 개최된 연합대성회는 그야말로 믿음의 승리였다.

연인원 30만 명 이상이 참석해 인산인해를 이루었으며, 1억 4천만 명이나 되는 인구 중 97% 이상이 회교도인 파키스탄에서 역사상 그 유례를 찾아볼 수 없는 최대의 성회였다.

환자 기도를 했을 때 귀신에 사로잡혀 몸을 뒤틀던 소녀에게서 귀신이 떠나고, 14년 된 종양이 사라졌다. 또 각종 풍토병이 치유되며 들리지 않던 귀가 들리는 등 고통의 사슬에서 벗어난 사람들의 간증이 계속되었다.

기독교에 대해 적대적인 이슬람 국가에서 성회가 열린 자체만으로도 하나님께 크게 영광 돌릴 일이다. 그리고 이슬람에 선교의 포문을 열었다는 데 매우 큰 의미가 있는 성회였다.

- 『희한한 능』 中에서 -

2000년 파키스탄 연합대성회

Chapter 6
소경의 눈이 밝을 것이며

권능을 체험하기 위해서는 예수님이 고치신
소경과 같이 선한 마음으로 사모해야 합니다.

날 때부터 눈먼 사람의 눈을 뜨게 하신 예수님
지금도 눈을 뜨는 역사가 나타나

창세 이후로 소경으로 난 자의
눈을 뜨게 하였다 함을 듣지 못하였으니
이 사람이 하나님께로부터 오지 아니하였으면
아무 일도 할 수 없으리이다

요한복음 9:32~33

성령을 받은 뒤 베드로는 요엘 선지자의 말씀을 인용하여 유대인들에게 첫 설교를 했습니다.

"이스라엘 사람들아 이 말을 들으라 너희도 아는 바에 하나님께서 나사렛 예수로 큰 권능과 기사와 표적을 너희 가운데서 베푸사 너희 앞에서 그를 증거하셨느니라" (행 2:22)

유대인들이 십자가에 못 박았던 예수님께서는 구약에 예언된 메시아라는 증거를 갖고 계셨다는 것입니다. 그것이 바로 큰 권능과 기사와 표적입니다.

뿐만 아니라 베드로 자신도 성령의 능력을 힘입은 후 권능을 베풀었습니다. 나면서부터 걷지 못하던 사람이 그 자리에서 걷고 뛰는가 하면(행 3:8), 심지어 사람들이 베드로가 지날 때 병든 사람을 메고 나와서 혹 그 그림자라도 덮이기를 바랄 정도였습니다. 이처럼 권능은 살아 계신 하나님이 함께하신다는 증표이자, 사람들에게 믿음을 심어 주는 확실한 방법입니다.

날 때부터 눈먼 사람의 눈을 뜨게 하신 예수님

요한복음 9장의 배경은 예수님께서 길을 가시다가 눈먼 사람을 만나는 데서 시작합니다. 그는 불행하게도 태어날 때부터 앞을 보지 못하던 사람입니다. 그 사람을 본 제자들은 예수님께 그 이유를 여쭈었습니다.

"이 사람이 소경으로 난 것이 뉘 죄로 인함이오니이까"

"자기오니이까 그 부모오니이까"

예수님은 그들에게 누구의 죄 때문도 아니라고 하십니다. 다만 하나님께서 하시는 일을 나타내기 위함이라고 말씀하셨습니다. 그리고 땅에 침을 뱉어 진흙을 이겨 그의 눈에 바른 후 명하셨습니다.

"실로암 못에 가서 씻으라"

보지 못하던 그가 순종하여 실로암 못에 가서 씻었더니 눈이 밝아져 광명을 찾았습니다. 성경에는 예수님을 만나 치료받은 사람들이 많이 나오지만 이 사람의 경우에는 한 가지 다른 점이 있습니다. 그가 예수님께 찾아와 "내 눈을 뜨게 해 주십시오."라고 간청한 것이 아니라, 놀랍게도 예수님께서 먼저 만나 주고 고쳐 주셨다는 점입니다. 그러면 어떻게 그는 이처럼 놀라운 은혜를 입을 수 있었을까요?

첫째, 순종의 사람이었기 때문입니다.

예수님께서는 눈먼 그를 찾아오셔서 땅에 침을 뱉어 진흙을 이겨 눈에 발라 주고 실로암 못에 가서 씻으라고 하셨습니다. 사실 진흙을 눈에 바른 후 물로 씻는다고 보지 못하던 사람이 보게 된다는 것은 상식에 맞지 않습니다. 결코 있을 수도 없는 일이지요. 더구나 예수님이 누구인지도 모르는 상태에서 이런 지시를 받는다면 아마 사람들 대부분이 믿지 못할 것입니다. 오히려 자신을 놀린다고 여기고 화를 낼 수도 있습니다.

그러나 그는 그렇지 않았습니다. 예수님의 지시에 순종하여 실로암 물가로 가서 눈을 씻었던 것입니다. 그 결과 태어나서 지금까지 볼 수 없었던 눈이 놀랍게도 밝아져 볼 수 있게 되었지요. 혹여 하나님 말씀이 내 상식과 경험에 맞지 않는 것처럼 생각하는 분들은 이 사람과 같이 겸손한 마음으로 믿고 순종해 보십시오. 그럴 때 하나님 은혜가 임하며 그가 눈을 뜬 것과 같이 놀라운 역사를 체험하게 됩니다.

둘째, 진리를 분별할 수 있는 영적인 눈이 열렸기 때문입니다.

날 때부터 보지 못하던 사람이 치료받은 후 유대인들과 대화하는 것을 보면 그는 선한 마음 가운데 무엇이 옳고 그른지 정확하게 깨닫고 있었습니다. 반면에 당시 유대 종교 지도자들은 율법의 강한 틀 때문에 영적으로는 눈먼 사람과 다름없었습니다. 유대인들이 자초지종을 물으니 그는 "예수라 하는 그 사람이 진흙을 이겨 내 눈에 바르고 나더러 실로암에 가서 씻으라 하기에 가서 씻었더니 보게 되었노라"고 담대히 전했지요. 그러나 유대인들은 그 말을 믿지 못하고 다시 트집을 잡습니다.

"그 사람이 네 눈을 뜨게 하였으니 너는 그를 어떠한 사람이라 하느냐"

이때에도 그는 굴하지 않고 "선지자니이다"라고 대답했습니다. 자신의 눈을 고쳐 줄 수 있는 분이라면 분명 하나님의 사람일 것이라 생각했기 때문입니다. 그래도 유대인들은 깨우치지 못한 채 "너는 영광을 하나님께 돌리라 우리는 저 사람이 죄인인 줄 아노라"며 오히려 그를 책망했습니다. 이 말 자체가 얼마나 이치에 맞지 않는 어리석은 말입니까?

하나님께서는 죄인의 기도를 듣지 않으십니다(시 66:18). 더구나 죄인에게 권능을 주셔서 영광을 받으실 분이 결코 아닙니다. 이처럼 유대인들은 진실을 보아도 믿지 못하고 깨닫지도 못했지만 치료받은 그 사람은 두려워하지 않고 당당히 진실을 말하였습니다.

"하나님이 죄인을 듣지 아니하시고 경건하여 그의 뜻대로 행하는 자는 들으시는 줄을 우리가 아나이다 창세 이후로 소경으로 난 자의 눈을 뜨게 하였다 함을 듣지 못하였으니 이 사람이 하나님께로부터 오지 아니하였으면 아무 일도 할 수 없으리이다"

(요 9:31~33)

　날 때부터 못 보던 사람이 눈을 떴다는 소식을 들으면 함께 기뻐하고 축하해 주어야 마땅합니다. 그런데 유대인들 사이에는 오히려 시시비비가 붙고 험악한 분위기가 감돌았습니다. 이는 그들이 영적으로 무지하고 악하다는 증거입니다. 하나님 일을 보고도 오히려 하나님을 대적한 것이지요.

　성경을 보면 눈먼 사람의 눈을 뜨게 할 수 있는 분은 오직 하나님밖에 없음을 알 수 있습니다. 시편 146편 8절에 "여호와께서 소경의 눈을 여시며" 했고, 이사야 29장 18절에는 "그날에 귀머거리가 책의 말을 들을 것이며 어둡고 캄캄한 데서 소경의 눈이 볼 것이며" 했습니다. 또한 이사야 35장 5절에 "그때에 소경의 눈이 밝을 것이며 귀머거리의 귀가 열릴 것이며" 했습니다. 곧 그리스도가 오시면 눈먼 사람의 눈을 뜨게 하신다는 것입니다.

　이런 말씀들이 분명히 기록되어 있는데도 유대인들은 자신들의 틀과 악함 속에서 하나님 역사를 보아도 믿지 못하고 오히려 예수님을 죄인으로 몰았습니다. 그러나 보지 못했던 그는 율법에 대해 많은 지식을 갖고 있지 않지만 선한 양심 가운데 하나님께서 죄인의 기도를 듣지 않으신다는 진리를 알았습니다. 눈을 뜨게 하는 것은 오직 하나님만이 하실 수 있는 일임을 알았던 것이지요.

셋째, 은혜를 받은 후 새로운 삶을 결단했기 때문입니다.

지금까지 저는 수많은 사람이 죽을 수밖에 없는 질병 가운데 하나님께 나와 건강을 회복하고 인생의 갖가지 문제를 해결받는 것을 보았습니다. 그러나 안타까운 것은 이렇게 큰 은혜를 입고도 하나님을 떠나 다시금 세상으로 향하는 사람들이 있다는 점입니다.

당장 아프고 힘들 때에는 "치료해 주시면 앞으로는 오직 주만 위해 살겠습니다."라고 애타게 기도합니다. 하지만 막상 치료되어 건강을 회복하고 축복을 받으면 자기 유익을 좇아 은혜를 저버립니다. 설령 육적인 문제를 해결받았다 해도 그 영혼은 구원의 길에서 떠나 지옥으로 갈 수밖에 없으니 얼마나 안타까운 일입니까.

하지만 날 때부터 보지 못한 그 사람은 은혜를 저버리지 않는 선한 중심을 가졌기 때문에 예수님을 만나 눈을 떴습니다. 뿐만 아니라 가장 중요한 구원의 축복까지 받습니다. 예수님께서 "네가 인자를 믿느냐"라고 물으셨을 때 그는 "주여 그가 누구시오니이까 내가 믿고자 하나이다"라고 대답했습니다.

이에 예수님께서 "네가 그를 보았거니와 지금 너와 말하는 자가 그이니라" 하시자, 그는 지체 없이 "주여 내가 믿나이다" 고백합니다. 이는 단순히 믿는다는 뜻이 아닙니다. 예수님을 그리스도로 영접한다는 의미입니다. 주님만을 좇으며 주님만을 위해 살겠다는 신앙의 고백입니다.

하나님께서는 모든 사람이 이러한 마음으로 나오기를 원하십니다. 질병을 치료하고 축복을 주니까 찾는 것이 아니라, 독생자도 아끼지 않으신 하나님의 진한 사랑을 깨닫고 예수님을 진정 구주로 영접하기 원하시는 것입니다. 또한 입술로만 하나님을 사랑하는 것이 아니라 진정 하나님을 사랑하기에 어둠의 일을 벗고 날마다 빛 가운데 행하길 원하십니다.

"하나님을 사랑하는 것은 이것이니 우리가 그의 계명들을 지키는 것이라 그의 계명들은 무거운 것이 아니로다" (요일 5:3)

이런 믿음과 사랑을 가지고 하나님께 무엇을 구하면 어찌 응답해 주시지 않겠습니까. 마태복음 7장 11절에 "너희가 악한 자라도 좋은 것으로 자식에게 줄 줄 알거든 하물며 하늘에 계신 너희 아버지께서 구하는 자에게 좋은 것으로 주시지 않겠느냐" 약속하신 대로 무엇이나 응답해 주십니다.

그러므로 아무리 중한 질병이나 얽히고설킨 문제를 가지고 나왔다 해도 염려할 필요가 없습니다. "주여 내가 믿나이다." 하는 중심의 고백과 함께 믿음의 행함을 보이면 눈먼 사람을 치료하신 예수님께서 질병의 치료는 물론, 불가능을 가능케 하며 불통을 형통으로 바꿔 주시기 때문입니다.

지금도 눈을 뜨는 역사가 나타나

1982년 만민중앙교회 개척 이후 지금까지 보지 못하던 사람이 눈을 뜨는 일이 있었습니다. 선천적으로 보이지 않던 눈이 기도받은 뒤 보이는가 하면, 수많은 사람이 시력을 되찾아 안경과 콘택트렌즈를 벗고 간증하였습니다.

그중에 2002년 7월 온두라스 연합대성회 때 치료된 사례입니다. 마리아라는 열두 살짜리 여자아이는 두 살 때 열병을 앓은 후 오른쪽 눈의 시력을 상실한 상태였습니다. 여러 방법을 써 보았지만 시력을 되찾을 수 없었고, 각막 이식 수술까지 받았으나 그마저도 소용이 없었다고 합니다. 수술이 실패하여 10년 동안 오른쪽 눈으로는 빛조차 볼 수 없었지요. 그러다가 성회 소식을 들었고 하나님 은혜를 사모하여 참석하게 되었습니다. 바로 그곳에서 전체 환자기도를 받은 뒤 마리아는 빛을 보기 시작하였고 곧 시력을 회복하였습니다.

이미 죽어 버린 눈의 신경이 하나님 권능으로 새롭게 창조되었으니 얼마나 놀라운 일입니까. 이것을 현장에서 본 온두라스 성도들은 "하나님은 정말 살아 계셔서 오늘도 역사하신다."고 외치며 감격하였고 온통 축제 분위기였습니다.

또한 리카르도 목사는 아예 실명할 뻔했으나 무안 단물을 통해 완전히 치료받았습니다. 그는 7년 전 사고로 망막 손상과 심한 출혈로 점점 시력을 잃어 곧 실명할 것이라는 병원 판정을 받았습니다. 그런데 온두라스 연합대성회 목회자 세미나 첫날에 하나님의 권능을 체험한 것입니다.

그는 제 설교가 끝난 뒤 믿음으로 무안 단물을 눈에 넣었는데 놀랍게도 사물이 점점 또렷이 보였다고 합니다. 처음에는 매우 뜻밖의 일이었기에 믿을 수 없었다고 합니다. 그래서 안경을 쓴 채 그날 저녁 성회에 참석했는데, 갑자기 안경의 한쪽 렌즈가 빠져 나가면서 "네가 지금 안경을 벗지 않으면 소경이 되고 말 것이다."라는 성령의 음성이 마음에서 들려 왔다고 합니다. 즉시로 순종하여 안경을 벗었더니 사물이 또렷하게 눈에 들어와 시력이 회복된 것을 깨닫고 하나님께 영광을 돌렸습니다.

아프리카 나이로비 만민교회에 출석하는 콤보라는 청년은 약 400km 떨어진 고향을 방문하여 가족들을 전도하는 중이었다고 합니다. 그는 한국의 만민중앙교회에서 일어나는 권능의 역사를 전하고 제가 기도해 준 권능의 손수건으로 가족들에게 기도해 주었습니다. 그러고 나서 교회 달력을 선물로 주었지요. 그때 눈이 보이지 않는 그의 할머니가 "나도 이재록 목사님의 사진을 보고 싶다."며 달력을 두 손에 들자, 참으로 믿기 어려운 일이 일어났습니다.

달력을 펼치는 순간, 할머니의 시력이 회복되어 사진이 보인 것입니다. 할머니가 눈을 뜨는 권능의 역사를 체험한 가족들은 살아 계신 하나님을 믿게 되었다고 합니다. 이 소문이 온 마을에 퍼지면서 지교회를 세워 달라는 요청이 줄을 이었습니다. 이처럼 세계 곳곳에서 수많은 권능의 역사가 지금도 일어나고 있습니다. 선한 마음으로 하나님 권능의 역사를 믿고 인정할 때 누구나 축복의 주인공이 될 수 있는 것입니다.

이처럼 하나님의 권능을 체험하기 위해서는 예수님께서 고쳐 주신 눈먼 사람과 같이 선한 마음으로 하나님 역사를 인정하며 사모해야 합니다. 믿음으로 응답받을 수 있는 그릇을 얼마나 준비했느냐에 따라 하나님 권능을 체험하는 사람이 있는가 하면 그렇지 못한 사람이 있기 때문입니다.

시편 18편 25~26절을 보면 "자비한 자에게는 주의 자비하심을 나타내시며 완전한 자에게는 주의 완전하심을 보이시며 깨끗한 자에게는 주의 깨끗하심을 보이시며 사특한 자에게는 주의 거스리심을 보이시리니" 하셨으니 행한 대로 갚아 주시는 하나님을 믿고, 믿음의 행함으로 축복의 주인공이 되시기 바랍니다.

마리아 여세니아 로드리게즈 도밍게즈 (여, 18세 • 온두라스 산페드로술라)

한 줄기 빛도
느끼지 못했던 눈

두 살 때 심한 열병을 앓은 후 각막 손상을 입었다. 수술을 했지만 합병증 때문에 각막 이식에 실패했고, 그 후유증으로 오른쪽 눈의 시력을 상실하고 말았다. 결국 오른쪽 눈으로는 한 줄기 빛도 느끼지 못했다.
결국 일상생활은 물론, 학교 생활에까지 많은 지장을 받았다. 위축된 생활에 소극적인 성격이 되어 버렸다. 잠시 학교를 쉬기로 했다.
한창 무지갯빛 미래를 꿈꿀 열일곱 살, 이대로 암흑 속으로 갇혀가는 것만 같아 두려웠다.
2002년 7월, 한국에서 이재록 목사가 이곳 온두라스에 온다는 소식을 들었다. 많은 해외 성회에서 수많은 사람이 치료된 소식은 어느새 내 가슴에 희망을 심어 주었다.
드디어 라코세챠 교회 1일 부흥성회에 참석하였다. 나는 그곳에서 지금껏 겪어 보지 못한 뜨거운 성령의 임재를 느낄 수 있었다.

이재록 목사의 기도를 받은 뒤, 신기한 일이 벌어졌다.
"어? 빛이, 빛이 보여요!"
오른쪽 눈으로 빛이 보이기 시작한 것이다. 10년간 캄캄한 암흑 속에 갇혀 있던 오른쪽 눈으로 볼 수 있으니 마치 세상을 다 얻은 듯한 기쁨으로 날아갈 것 같았다.
나는 곧 학교에 다닐 수 있었다. 친구들과 함께 뛰어다닐 수 있어 얼마나 행복한지, 이러한 기쁨을 준 하나님께 감사했다. 나에게 일어난 기적을 보면서 출석하고 있는 라코세챠 교회의 담임 목사와 성도들은 매우 행복해했다. 교회가 온통 축제 분위기였다.
나뿐 아니라 이곳 온두라스의 수많은 사람이 하나님 능력을 체험하였다. 온두라스 연합대성회에서 나타난 갖가지 불치병 치료와 휠체어에서 일어나고 목발을 버리는 등의 기적을 지금껏 듣지도 보지도 못한지라 모두 감격할 수밖에 없었다.
희망 없이 살아가던 나와 이곳 온두라스 국민에게 구원과 영생, 치료와 축복을 주신 사랑의 하나님을 소리 높여 찬양한다.

- 『희한한 능』 中에서 -

2002년 온두라스 연합대성회

Click Bible II

예수님의 권능으로 치료받은 사람들

"창세 이후로 소경으로 난 자의 눈을 뜨게 하였다 함을
듣지 못하였으니 이 사람이 하나님께로부터 오지 아니하였으면
아무 일도 할 수 없으리이다"
(요한복음 9:32~33)

구약 성경에는 눈먼 사람이 눈을 떴다는 기록이 없지만
신약 성경에는 이러한 기록이 많이 나옵니다.
(마 9:27~30, 12:22, 15:30, 21:14 ; 막 8:22~25,
10:46~52 ; 요 9:1~7)

이는 이사야 선지자가 예언한 대로 예수님이
메시아이심을 보여주는 것입니다.
(사 42:7, 61:1)

성경을 보면 예수님은 대부분 말씀으로 명하여 치료하셨습니다.
그런데 몇 가지 특이한 장면들을 볼 수 있지요.
예를 들면, 마가복음 7장 32~33절에 "사람들이 귀먹고 어눌한 자를
데리고 예수께 나아와 안수하여 주시기를 간구하거늘
예수께서 그 사람을 따로 데리고 무리를 떠나사
손가락을 그의 양 귀에 넣고 침 뱉아 그의 혀에 손을 대시며" 했습니다.

귀먹고 어눌한 자를 치료해 주실 때,
예수님께서 손가락을 양 귀에 넣으시고 침을 뱉어 그의 혀에 손을 대주셨지요.
이는 예수님께서 말씀으로만 고쳐주실 능력이 없으셔서 그런 것이 아닙니다.
믿음이 아직 연약한 사람은 이처럼 직접 피부적으로 와닿는 느낌이 있을 때,
이를 통해 치료받을 수 있다는 믿음을 갖게 되지요.
그래서 때로는 눈이 안 보이는 사람에게는 눈에,
귀가 안 들리는 사람에게는 귀에 직접 접촉해서 기도해 주는 것입니다.

마가복음 8장 23~25절에도 "예수께서 소경의 손을 붙드시고
마을 밖으로 데리고 나가사 눈에 침을 뱉으시며 그에게 안수하시고
무엇이 보이느냐 물으시니 우러러보며 가로되 사람들이 보이나이다
나무 같은 것들의 걸어가는 것을 보나이다 하거늘
이에 그 눈에 다시 안수하시매 저가 주목하여 보더니
나아서 만물을 밝히 보는지라" 하셨지요.

이때에도 역시 치료받을 만한 믿음이 부족하니
예수님께서는 눈에 침을 뱉어 안수하셨습니다.
소경이 눈에 와닿는 직접적인 느낌을 통해서라도
치료받을 만한 믿음을 갖도록 하신 것입니다.

그런데 한 번의 기도로 역사되지 않자 예수님께서 다시 한 번 기도해 주셨습니다.
이는 예수님의 능력이 부족해서가 아닙니다. 소경의 믿음이 한 번의 기도로
응답받기에는 부족했던 것입니다. 하지만 한 번의 기도로 희미하게나마 보이자
그때서야 비로소 응답받을 믿음을 갖게 되지요.
이때 다시 한 번 기도해 주시자 온전히 치료받을 수 있었습니다.

예수님께서 침을 뱉어 혀와 눈에 안수하여 주신 데에는
또 한 가지 중요한 영적 의미가 있습니다.
영적으로 물은 곧 하나님 말씀을 의미합니다.
그래서 물로 세례를 받는 것은
하나님 말씀으로 죄를 깨끗이 씻어낸다는 의미가 담겨 있습니다.
침을 뱉어 안수하신 데에도 바로 이러한 영적인 의미가 담겨 있지요.
즉, 이때에는 침이 물을 대신한 것입니다.
그러므로 침을 뱉어 안수하신 것은 하나님 말씀으로
죄를 깨끗이 씻어 주셨다는 의미입니다.
이렇게 죄 사함을 받자 질병이 치료되었습니다.

Chapter 7
일어나 뛰고 걸으며

중풍병자는 예수님을 만나기만 하면
뛰고 걸을 수 있다는 믿음과 확신이 있었습니다.

예수님에 관한 소문을 들은 중풍병자
예수님 앞에 나온 중풍병자와 그의 친구들
죄의 문제를 해결해야 응답받을 수 있어
하나님의 권능으로 일어나 걷게 된 중풍병자
일어나 뛰고 걸은 권능의 역사들
9년 만에 휠체어에서 일어나 정상인이 되어
손수건 기도를 받고도 휠체어에서 일어나
2002 인도 연합대성회시 목발을 버린 가네쉬

사람들이 한 중풍병자를
네 사람에게 메워 가지고 예수께로 올새
...
예수께서 저희의 믿음을 보시고 중풍병자에게 이르시되
소자야 네 죄 사함을 받았느니라 하시니
...
그가 일어나 곧 상을 가지고 모든 사람 앞에서 나가거늘
저희가 다 놀라 영광을 하나님께 돌리며 가로되
우리가 이런 일을 도무지 보지 못하였다 하더라

———————

마가복음 2:3~12

예수님 당시에도 중풍이나 하반신 마비로 일생을 장애를 안고 살 수밖에 없는 사람들이 있었습니다. 도저히 치료될 가망이 없는 그들이라 해도 믿음으로 예수님 앞에 나오면 온전히 치료받고 하나님께 영광을 돌렸습니다.

이러한 예수님의 사역에 대하여 이사야 35장 6절에 "그때에 저는 자는 사슴같이 뛸 것이며" 했고, 이사야 49장 8절에는 "은혜의 때에 내가 네게 응답하였고 구원의 날에 내가 너를 도왔도다" 말씀합니다. 바로 예수님께서 오시면 일어나 걷고 뛰는 역사가 나타나고 응답은 물론, 구원까지 얻는다는 것입니다.

마가복음 2장에는 예수님 앞에 나가 치료받은 중풍병자에 관한 내용이 자세히 기록되어 있습니다. 이런 일은 오늘날에도 마찬가지입니다. 하나님께 믿음으로 나오는 이들마다 휠체어에서 일어나 걷는가 하면, 목발을 버리고 걷고 뛰는 역사를 체험할 수 있습니다. 그러면 예수님 앞에 나간 중풍병자는 과연 어떠한 믿음으로 구원과 응답의 축복을 받은 것일까요?

예수님에 관한 소문을 들은 중풍병자

어느 날, 예수님께서 가버나움 지방에 가셨을 때입니다. 마침 그곳에는 심한 중풍으로 남의 도움 없이는 일어날 수 없을 정도로 구차한 삶을 사는 사람이 있었습니다. 그런데 하루는 그에게 놀라운 소식이 들려옵니다. 예수라는 분이 눈먼 사람의 눈을 뜨게 하고 걷지 못하던 사람을 일으키며 귀신을 쫓아낼 뿐 아니라 각색 병든 사람을 치료하신다는 소문입니다. 그는 마음이 선했기 때문에 예수님에 관한 소문을 듣고 마음에 새겼으며 간절히 사모하게 되었습니다.

마침내 중풍병자는 예수님께서 가버나움에 오셨다는 소식을 들었습니다. 그렇게도 사모하던 예수님을 만나뵐 수 있으니 얼마나 기쁘고 반가웠겠습니까. 그러나 그는 혼자서 움직일 수 있는 상황이 아니었기 때문에 자기를 도와줄 수 있는 친구들을 찾았습니다. 다행히 친구들도 예수님에 관한 소문을 들어 잘 알고 있었기에 흔쾌히 그의 소원을 들어 주었지요.

예수님 앞에 나온 중풍병자와 그의 친구들

중풍병자는 친구들 도움으로 들것에 실려 예수님이 계신 곳을 찾아왔습니다. 하지만 어찌나 사람이 많은지 예수님은 보이지도 않았지요. 이대로 포기할 수는 없었습니다. 그래서 그들은 "중한 환자가 있으니 좀 비켜 주세요."라고 소리치며 간절히 부탁하기도 했을 것입니다.

그럼에도 워낙 사람이 많아 길이 트이지 않는 절박한 상황이었습니다. 인파를 뚫고 예수님 앞까지 간다는 것은 도저히 불가능해 보였습니다. 만일 그들의 믿음이 부족했다면 그냥 돌아가고 말았을 것입니다. 그러나 그들은 끝까지 포기하지 않고 믿음을 내보였습니다.

"어떻게 하면 예수님을 뵐 수 있을까?"
서로 궁리하다가 최후의 방법으로 예수님께서 계신 곳의 지붕을 뜯기 시작했습니다. 지붕은 나중에 주인에게 사과하고 고쳐주더라도 반드시 치료받아야겠다는 믿음과 소망이 너무나 간절했기 때문이지요. 그의 친구들은 지붕에 구멍을 내 중풍병자가 누운 침상을 끈으로 매달아 예수님 앞으로 내려뜨렸습니다.
그 당시 이스라엘 전통가옥의 지붕은 평면으로 되어 있고, 다행히 집 옆에 계단이 있어서 쉽게 올라갈 수 있게 되어 있었습니다. 또한 그 지역에는 돌로 집을 짓고 갈대나 종려나무 가지로 지붕을 덮는 형태여서 어렵지 않게 지붕을 벗겨낼 수 있었지요. 이 때문에 중풍병자가 누구보다도 예수님 가까이 나갈 수 있었던 것입니다.
이처럼 믿음은 행함이 따르며 믿음의 행함은 겸비함으로 자신을 낮출 때라야 나타낼 수 있습니다. 여러분은 혹시 아팠을 때 "마음은 굴뚝 같지만 몸이 아파서 교회에 못 나갑니다." 하지는 않았습니까? 만일 중풍병자가 집 안에 가만히 누워서 "주여, 지금 제가 움직일 수가 없어서 예수님 앞에 나가지 못하는 것을 잘 아시지요? 그러니 여기 누워 있어도 치료해 주실 것을 믿습니다." 라고 백 번을 고백했다고 합시다. 이는 믿음을 내보인 것이 아닙니다.

예수님의 소문을 들은 중풍병자는 치료받기 위해서 수단과 방법을 가리지 않았습니다. 예수님을 만나기만 하면 치료받을 수 있다는 믿음과 확신이 있기 때문에 친구들의 도움으로 예수님 앞에 나갈 수 있었지요. 그의 친구들도 믿음이 있기 때문에 중풍병자를 위하여 지붕까지 뜯어 가면서 봉사할 수 있었습니다.

죄의 문제를 해결해야 응답받을 수 있어

예수님께서는 중풍병자와 그 친구들의 믿음의 행함을 기뻐하셨습니다. 그런데 그를 치료하기 전에 예수님은 뜻밖의 말씀을 하십니다.

"소자야 네 죄 사함을 받았느니라"

그 이유는 무엇일까요? 질병을 치료받으려면 먼저 죄 사함을 받아야 하기 때문입니다. 출애굽기 15장 26절을 보십시오. "너희가 너희 하나님 나 여호와의 말을 청종하고 나의 보기에 의를 행하며 내 계명에 귀를 기울이며 내 모든 규례를 지키면 내가 애굽 사람에게 내린 모든 질병의 하나도 너희에게 내리지 아니하리니 나는 너희를 치료하는 여호와임이니라"

애굽 사람에게 내린 모든 질병이란 이 세상에 있는 질병을 총칭하는 말입니다. 그러니 우리가 하나님의 계명을 지키고 그 말씀대로 살면 이 세상의 어떠한 질병도 틈타지 못하도록 하나님께서 지켜 주신다는 것입니다.

또한 신명기 28장에도 하나님 말씀대로 순종하고 지켜 행하면 어떤 질병도 틈타지 못한다는 것을 말씀하셨습니다. 요한복음 5장을 보면 예수님께서 38년 된 병자를 치료하신 후에는 "더 심한 것이 생기지 않게 다시는 죄를 범치 말라" 당부하셨지요. 이처럼 질병은 죄로 인한 것이므로 예수님께서는 중풍병자를 치료하기 위해 먼저 죄 사함을 주신 것입니다.

그러나 예수님 앞에 나간다고 해서 무조건 죄를 용서하시는 것은 아닙니다. 죄 사함을 받으려면 반드시 죄를 회개하고 돌이켜야 합니다. 죄 짓던 사람이 죄 짓지 않는 사람으로, 불의를 행하던 사람이 불의를 행치 않는 사람으로, 거짓말하던 사람은 거짓말하지 않는 사람으로, 미워하던 사람이 미워하지 않는 사람으로 돌이켜야 하지요.

이렇게 말씀대로 순종해 나가는 사람에게 죄를 용서해 주십니다. 입술로만 "믿습니다." 고백한다고 용서하시는 것이 아니라 어둠에서 빛 가운데로 나오면 자연히 주님의 보혈이 죄를 씻어 깨끗게 하신다는 것입니다(요일 1:7).

하나님의 권능으로 일어나 걷게 된 중풍병자

그런데 예수님이 중풍병자에게 죄 사함을 받았다고 하자, 그 자리에 있던 서기관들의 안색이 바뀌었습니다. 함께 기쁨을 나누기는커녕 오히려 시비를 따지려 합니다. 속으로 "이 사람이 어찌 이렇게 말하는가 참람하도다 오직 하나님 한 분 외에는 누가 능히 죄를 사하겠느냐"라고 생각한 것입니다.

그들이 가진 율법의 틀로 예수님을 바라보니 도무지 이해되지 않았습니다. 오히려 하나님을 모독한다고 예수님을 판단했지요. 이런 그들의 마음을 예수님이 모를 리 없습니다.

"어찌하여 이것을 마음에 의논하느냐 중풍병자에게 네 죄 사함을 받았느니라 하는 말과 일어나 네 상을 가지고 걸어가라 하는 말이 어느 것이 쉽겠느냐 그러나 인자가 땅에서 죄를 사하는 권세가 있는 줄을 너희로 알게 하려 하노라"

이처럼 하나님 섭리를 깨우쳐 준 후 예수님께서 중풍병자에게 "내가 네게 이르노니 일어나 네 상을 가지고 집으로 가라" 명하십니다. 과연 중풍병자는 즉시 일어나 모든 사람이 보는 앞에서 자기 침상을 가지고 걸어나갑니다. 중풍병자가 치료받았다는 것은 결국 죄 사함을 받았다는 것입니다. 예수님 말씀에 대한 하나님의 확실한 보장입니다. 전지전능한 하나님께서 구세주로 오신 예수님을 보장하신다는 증거이지요.

일어나 뛰고 걸은 권능의 역사들

예수님께서는 요한복음 14장 11절에 "내가 아버지 안에 있고 아버지께서 내 안에 계심을 믿으라 그렇지 못하겠거든 행하는 그 일을 인하여 나를 믿으라" 말씀하셨습니다. 우리는 믿음으로 예수님 앞에 나온 중풍병자가 다만 말씀으로만 명하셨는데도 그 자리에서 일어나 걸은 이 일만 보더라도 하나님과 예수님께서 하나이심을 믿을 수 있습니다.

그런데 이러한 일은 예수님만 하실 수 있는 것이 아닙니다. 예수님을 구세주로 믿고 하나님과 하나 된 사람은 누구나 이런 일을 행하고 이보다 큰 일을 나타낼 수 있습니다.

"내가 진실로 진실로 너희에게 이르노니 나를 믿는 자는 나의 하는 일을 저도 할 것이요 또한 이보다 큰 것도 하리니 이는 내가 아버지께로 감이니라"(요 14:12)

저는 이 말씀을 100% 믿었기 때문에 주의 종으로 부름받은 후 하나님의 권능을 받기 위해 수없이 금식하며 기도하였습니다. 그리하여 개척 때부터 현대 의학으로는 고칠 수 없다는 질병들도 믿음으로 치료받은 간증들이 넘쳐났습니다.

또한 축복의 연단을 잘 통과할 때마다 하나님께서는 권능에 권능을 더해 주시니 환자들의 치료 속도가 점점 빨라지고 더 중한 병들도 치료되었습니다. 세계적인 연합대성회는 물론, 손수건 기도와 시공을 초월한 사진기도 등을 통하여 수많은 사람이 하나님의 놀라운 권능을 체험하고 있습니다.

그러면 제가 사역하던 현장에서 일어난 일들 중에서 걷고 뛰었던 몇 가지 사례를 소개하겠습니다.

9년 만에 휠체어에서 일어나 정상인이 되어

첫 번째 사례는 김윤섭 집사의 간증입니다. 그는 하나님을 믿기 전인 1990년 5월, 대전 연구단지에서 전기공사를 하던 중 5층

높이에서 떨어지는 큰 사고를 당하였습니다. 사고 후 곧바로 병원으로 옮겨졌지만 의식이 없었습니다. 계속 혼수상태에 있다가 약 6개월이 지난 후에야 기적적으로 깨어났다고 합니다.

그러나 11번, 12번 흉추 압박 골절, 4번, 5번 간 요추 디스크 등으로 병원에서는 상태가 매우 심각하다고 했습니다. 다른 여러 병원을 돌며 치료를 받았지만 별다른 진전이 없었습니다. 결국 1993년 6월에 장애인 1급 판정을 받은 후 허리에는 항상 척추 보조기를 착용한 채 생활해야 했습니다. 게다가 제대로 누울 수도 없어 항상 앉아서 잠을 자야 하는 고통스런 나날이 계속되었습니다.

그러던 중 전도를 받아 신앙생활을 시작한 그는 1998년 11월에 우리 교회에서 열린 특별 환자성회에 참석하여 놀라운 체험을 하였습니다. 전에는 반듯이 눕지도 못하고 혼자서 대소변도 가리지 못할 정도로 몸을 가눌 수 없었는데 안수 기도를 받고난 후 휠체어에서 일어나 목발을 짚고 걸을 수 있게 된 것입니다.

그 후 그는 온전히 치료받기 위해 각종 예배 참석은 물론 기도생활을 쉬지 않았습니다. 1999년 제7회 2주연속 특별부흥성회를 사모하며 21일 금식기도로 준비하였습니다. 그러자 성회가 시작된 첫 번째 주간에는 전체를 위한 환자기도 중에 강한 빛이 비취면서 자신이 뛰어다니는 환상을 보았다고 합니다. 두 번째 주간에는 개인 안수기도를 받을 때 몸이 가뿐해지는 것을 느꼈지요.

성령의 불이 임하니 알 수 없는 힘이 주어지면서 척추 보조기와 목발을 버리고 사고 후 처음으로 자신의 두 발로 걷게 된 것입니다. 이처럼 하나님의 권능으로 9년 만에 어떠한 도움이나 보조기구없이 혼자 걸을 수 있게 된 그는 시간이 지남에 따라 더욱 좋아져 자전거도 탈 수 있게 되었습니다. 교회에서 열심히 봉사하더니 이제는 어엿하게 취직도 하고 결혼도 하여 행복한 삶을 살고 있습니다.

손수건 기도를 받고도 휠체어에서 일어나

우리 교회에서는 성경에 기록된 기이한 일과 희한한 능이 동일하게 나타나고 있습니다. 그중 하나가 손수건을 통한 권능의 역사입니다.

"하나님이 바울의 손으로 희한한 능을 행하게 하시니 심지어 사람들이 바울의 몸에서 손수건이나 앞치마를 가져다가 병든 사람에게 얹으면 그 병이 떠나고 악귀도 나가더라"(행 19:11~12)

이처럼 제게 기도받은 손수건을 가져다가 병든 사람에게 얹고 기도해 주어도 놀라운 치료의 역사가 나타납니다. 그래서 세계 곳곳에서 손수건 집회를 요청하고 있으며 수많은 사람이 희한한 능을 체험하고 있습니다.

한번은 우리 교회 부 교역자가 인도네시아에서 손수건 집회를 인도한 적이 있습니다. 그때 수많은 사람이 치료받고 살아 계신 하나님께 영광을 돌렸습니다. 그중에 중풍으로 휠체어에 의지해야 했던 전직 주지사가 손수건 기도를 받고 일어나 걸은 일은 지역 사회에 큰 화제가 되었지요. 또 다른 교역자가 북방지역을 순회하며 손수건 집회를 인도했는데 34년 동안 목발을 의지했던 성도가 혼자서 걷게 되는 등 수많은 치료의 역사가 나타났습니다.

2002 인도 연합대성회시 목발을 버린 가네쉬

2002년에는 제가 인도 첸나이시 마리나 해변에서 성회를 인도했습니다. 연인원 300만 명 이상 운집한 대성회였습니다. 수많은 힌두교인이 개종하는 등 참으로 잊지 못할 성회였지요. 또한 이전의 다른 어떤 성회보다 치료의 역사가 빠르게 나타났습니다.

그중 가네쉬라는 16세 소년은 자전거를 타다가 넘어져서 오른쪽 골반을 다쳤습니다. 가정 형편상 제대로 치료받지 못한 상태로 1년이 지났는데 그만 뼈에 종양이 생겨서 결국은 우측 골반을 상당부분 잘라냈다고 합니다. 그래서 일부 남은 골반과 허벅지 뼈를 잇기 위해 금속판을 대고 나사못 아홉 개를 박아 고정시켰습니다. 이로 인해 뼈를 조이는 심한 통증을 느끼게 되었고 계단을 오르내리지 못하는 것은 물론, 목발이 없이는 걸을 수도 없는 상태가 되었습니다.

그러다가 성회 소식을 들은 가네쉬는 사모하는 마음으로 집회에 참석하여 뜨거운 성령의 역사를 체험하였습니다. 성회 둘째 날 전체 환자기도를 받는데 온몸이 끓는 물에 들어간 것처럼 뜨거워지더니 모든 통증이 사라졌다고 합니다. 자신을 괴롭히던 통증이 더는 느껴지지 않으니 매우 놀라면서 목발을 버리고 단으로 올라와 간증했지요. 그 후로는 목발을 짚지 않아도 자유롭게 걷는 것은 물론 뛸 수도 있게 되었습니다.

예레미야 29장 11절에 "나 여호와가 말하노라 너희를 향한 나의 생각은 내가 아나니 재앙이 아니라 곧 평안이요 너희 장래에 소망을 주려 하는 생각이라" 하셨습니다. 사랑의 하나님께서는 우리를 사랑하사 그 독생자 아들까지 아낌없이 주신 분입니다. 비록 장애로 그동안 불행하게 살아왔다 해도 하나님께서는 더는 불행하게 살기 원치 않으십니다.

또한 어느 누구도 시험 환난에 놓여 있기를 원치 않으시지요. 세상 모든 사람에게 평안과 기쁨과 행복을 주기 원하시며, 장래에 소망을 주기 원하십니다. 따라서 치료받은 중풍병자를 통해 마음에 가장 바라는 소원을 응답받을 수 있는 길과 방법을 알았으니 믿음의 받침대를 준비하여 무엇이든지 구하는 대로 응답받으시기 바랍니다.

워마리 (여, 63세 • 싱가포르 크리스천 기도원 대표)

이제는 혼자
걸을 수 있어요

중국에서 태어나 대만에서 성장한 나는 결혼 후 싱가포르로 갔다. 1967년 어느 날, "네가 예수 그리스도를 믿으면 참된 기쁨과 소망을 갖게 될 것이라."는 우렁차고 강렬한 주님의 음성을 들은 뒤, 예수 그리스도를 영접하였다.

2007년 8월, 지인으로부터 이재록 목사의 저서 「천국」 상·하를 받았다. 흥분을 감출 수 없었다. 그 속에는 영혼의 갈급함을 해갈하는 말씀이 강물처럼 흘러넘치고 있었다.

하루는 싱가포르의 애루더 전도사를 만났다. 그녀는 2년 전 중풍으로 쓰러진 후 휠체어에 의지해 왔으며 누군가의 도움 없이는 생활이 불가능했다.

그녀에게 천천만 목사의 간증이 담긴 DVD를 전했다. 천천만 목사(신항교회 및 서해안 선교센터 대표)는 두 살 때 앓은 소아마비와 14년 전 당한 교통사고로 휠체어와 지팡이를 사용할 수밖에 없었다.

마침 한국 만민중앙교회에서 개최한 대만 목회자 세미나에 참석했는데, 이재록 목사가 단에서 해 주는 기도를 받고 휠체어에서 일어났다. 다리 통증이 사라지고 힘이 생기면서 지팡이 없이도 장시간 걸어 다닐 수 있게 된 것이다.

이 DVD를 보고 뜨거운 성령의 역사를 느낀 그녀는 나와 함께 한국행 비행기에 몸을 실었다. 마침 창립 기념 주일이었는데, 전 세계에서 온 많은 손님으로 붐벼 기도받을 상황이 아니었다.

소아마비를 치료받고 간증하는 천천만 목사

대예배를 마칠 즈음, 이 목사가 단에서 전체 환자를 위해 기도해 주었다. 가슴에 손을 얹고 기도를 받는데 어떤 움직임이 느껴져 눈을 뜨는 순간 놀라운 일이 펼쳐졌다. 얘루더 전도사가 휠체어에서 일어나 걷는 것이 아닌가. 예배 후 성전 밖으로 걸어 나가는 얘루더 전도사를 보면서 하나님의 권능 앞에 다시 한 번 영광 돌렸다.

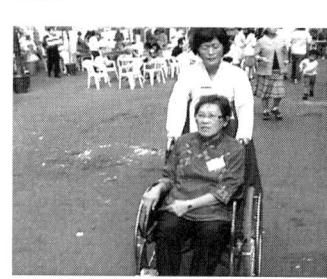

- 『희한한 능』 中에서 -

중풍을 치료받고 간증하는 얘루더 전도사

Chapter 8
기뻐 춤추며 노래하여

예수님께서 창조의 근본의 소리로 명하시자,
그대로 귀가 열려 듣고 말하게 되었습니다.

귀먹고 어눌한 자를 온전케 하신 예수님
청각 장애는 하나님의 권능이 있어야
지금도 나타나는 청각 장애 치료 사례들
태어날 때부터 들리지 않던 귀가 8년 만에 열려
인도 연합대성회시 기도받고 보청기를 뺀 제니퍼
권능을 체험하려면

예수께서 다시
두로 지경에서 나와 시돈을 지나고
데가볼리 지경을 통과하여 갈릴리 호수에 이르시매
사람들이 귀먹고 어눌한 자를 데리고
예수께 나아와 안수하여 주시기를 간구하거늘
...
사람들이 심히 놀라 가로되
그가 다 잘하였도다 귀머거리도 듣게 하고
벙어리도 말하게 한다 하니라
──────────
마가복음 7:31~37

이 땅에서 사역하실 때 예수님께서는 두루 다니며 하나님 말씀을 가르치고 천국 복음을 전하셨습니다. 뿐만 아니라 각색 질병으로 고통받는 사람들을 고치셨지요. 사람으로 어찌할 수 없는 질병을 고치심으로 전하신 말씀을 마음 깊이 새기게 하신 것입니다.

"예수께서 온 갈릴리에 두루 다니사 저희 회당에서 가르치시며 천국 복음을 전파하시며 백성 중에 모든 병과 모든 약한 것을 고치시니 그의 소문이 온 수리아에 퍼진지라 사람들이 모든 앓는 자 곧 각색 병과 고통에 걸린 자, 귀신 들린 자, 간질하는 자, 중풍병자들을 데려오니 저희를 고치시더라" (마 4:23~24)

귀먹고 어눌한 자를 온전케 하신 예수님

예수님께서 두로와 시돈 지방을 지나고 데가볼리 지경을 통과하여 갈릴리 호수 부근에 이르렀을 때였습니다 (막 7장). 사람들이 귀먹고 어눌한 사람을 데리고 예수님 앞에 나옵니다. 어눌하다는 것은 말이 유창하지 못하고 떠듬떠듬하는 면이 있다는 뜻입니다. 아마도 그는 어렸을 때 말을 조금 배우다가 청력을 잃어 말이 어눌했던 것 같습니다.

일반적으로 귀가 들리지 않아 언어를 익히지 못해 말을 하지 못하는 사람을 농아라고 합니다. 또한 귀가 잘 들리지 않는 것을 난청이라고 하지요. 농아가 되는 경우는 유전적인 원인과 태아로 있을 때 어머니가 풍진을 앓거나 약을 잘못 복용하여 생기는 선천적 농아가 있습니다. 혹은 3~4세 무렵 뇌막염 등의 병을 앓은 뒤 귀가 들리지 않아 말을 배우지 못한 후천적인 농아도 있습니다.

난청의 경우, 고막이 찢어진 것이 원인이라면 보청기를 착용하여 소리를 들을 수 있지만 청신경 자체에 문제가 있다면 보청기도 소용이 없습니다. 소음이 심한 직장에서 오래 근무하거나 나이가 들면서 청력이 쇠퇴하여 난청이 되는 경우도 있는데 근본적인 치료 방법은 없다고 합니다. 그 외에도 귀신 들려 듣지 못하고 말하지 못하는 경우도 있는데, 이 경우 영적인 권세자가 귀신을 내쫓아 주면 곧바로 듣고 말하게 됩니다(막 9:25).

사람들이 귀먹고 어눌한 사람을 고쳐 주기를 청하자, 예수님은 그를 데리고 한적한 곳으로 가십니다. 마가복음 7장 33~35절에 "예수께서 그 사람을 따로 데리고 무리를 떠나사 손가락을 그의 양 귀에 넣고 침뱉아 그의 혀에 손을 대시며 하늘을 우러러 탄식하시며 그에게 이르시되 에바다 하시니 이는 열리라는 뜻이라 그의 귀가 열리고 혀의 맺힌 것이 곧 풀려 말이 분명하더라" 했습니다. 여기서 "에바다"란 '열리라'는 의미의 아람어입니다.

예수님께서 창조의 근본의 소리로 명하시자, 그대로 귀가 열려 듣고 혀가 풀려 말할 수 있게 된 것입니다. 그러면 예수님께서 "에바다"라고 명하기 전에 그의 귀에 손가락을 넣으신 이유는 무엇일까요?

청력을 잃은 사람은 말씀을 듣지 못하니 믿음을 갖기가 쉽지 않습니다. 또한 그는 스스로 예수님 앞에 나온 것이 아니라 다른 사람들이 데리고 나온 상태였기 때문입니다. 그래서 예수님께서는 이런 그를 위해 귀에 직접 손가락을 넣어 주셔서 느낌을 통해서라도 믿음을 가질 수 있도록 도와주셨던 것입니다.

"믿음은 들음에서 나며 들음은 그리스도의 말씀으로 말미암았느니라" (롬 10:17)

청각 장애는 하나님의 권능이 있어야

하나님께서 역사하시면 어떠한 질병이나 장애도 문제가 되지 않습니다. 우리 귀를 지으시고 눈을 만드신 하나님, 전지전능한 아버지 하나님을 중심으로 믿고 전심으로 의지하면 능치 못할 일이 없습니다.

"나는 여호와요 모든 육체의 하나님이라 내게 능치 못한 일이 있겠느냐"(렘 32:27)

"여호와가 우리 하나님이신 줄 너희는 알지어다 그는 우리를 지으신 자시요 우리는 그의 것이니 그의 백성이요 그의 기르시는 양이로다"(시 100:3)

"귀를 지으신 자가 듣지 아니하시랴 눈을 만드신 자가 보지 아니하시랴"(시 94:9)

근본 하나님 본체로서 이 땅에 육신을 입고 오신 예수님께서도 능치 못할 일이 없으셨습니다. 오늘날 예수 그리스도를 믿되 믿음이 장성하여 창조주 하나님의 권능을 구하면 성경상의 역사가 동일하게 나타납니다.

히브리서 13장 8절에는 "예수 그리스도는 어제나 오늘이나 영원토록 동일하시니라" 하셨고, 에베소서 4장 13절에는 "우리가 다 하나님의 아들을 믿는 것과 아는 일에 하나가 되어 온전한 사람을 이루어 그리스도의 장성한 분량이 충만한 데까지 이르리니" 하셨기 때문입니다.

신체 조직의 일부가 퇴화되었거나 신경 세포가 죽어 듣지 못하고 말하지 못하는 사람은 단지 신유의 은사만으로는 고칠 수 없습니다. 오직 예수 그리스도의 장성한 믿음의 분량에 이른 사람이 하나님께로부터 권세와 능력을 받아서 하나님 뜻에 맞춰 믿음으로 기도했을 때 일어날 수 있는 것입니다.

지금도 나타나는 청각 장애 치료 사례들

저는 하나님의 권능으로 난청이 치료되는 것은 물론, 태어날 때부터 들을 수 없었던 사람들이 듣게 된 것을 지금까지 무수히 보았습니다. 그중에는 55년 만에 또는 57년 만에 들리지 않던 귀가 열려 들을 수 있게 된 사례도 있습니다.

2000년 9월, 일본 나고야에서 신유대성회를 했는데 13명의 청각 장애인들이 참석하여 귀가 열리는 놀라운 역사가 나타났습니다. 이러한 소식이 국내의 청각 장애인들에게도 알려져 2001년 제9회 2주연속 특별부흥성회시에는 많은 청각 장애인이 참석하여 치료받아 하나님께 영광을 돌렸습니다.

그중 한 여성도는 여덟 살 때 사고로 농아가 되었는데 전도를 받고 미리 응답받을 준비를 했다고 합니다. 매일 밤 열리는 우리 교회의 철야 기도회에 참석하여 그동안 잘못했던 것들을 떠올리며 통회자복한 것입니다.

이처럼 사모함으로 정성껏 부흥성회에 참석하였는데, 성회 마지막 날까지도 아무런 변화가 없었다고 합니다. 하지만 실망하지 않고 다른 분들이 치료받으면 자신도 치료받을 수 있다는 것을 믿으며 감사하고 기뻐했다고 하지요.

하나님께서는 이것을 믿음으로 보시고 성회가 끝나고 얼마 지나지 않아 들을 수 있도록 역사해 주셨습니다. 끝까지 믿음을 내보인 결과 응답받은 것입니다. 그리고 의학적으로 확인하기 위해 청력 검사를 했더니 양쪽 귀 모두 청력이 되살아난 것을 확인할 수 있었다고 합니다.

태어날 때부터 들리지 않던 귀가 8년 만에 열려

2002년 7월, 중미 온두라스에서 연합대성회를 인도할 때의 일입니다. 듣지 못하고 말하지 못하던 많은 사람이 듣고 말할 수 있게 되었습니다. 그중에서도 안전 총책임자로서 성회를 적극 도왔던 분이 어린 딸의 들리지 않던 귀를 치료받고 얼마나 기뻐했는지 모릅니다.

당시 여덟 살 난 딸 마들린은 태어나면서부터 한쪽 귀가 제대로 자라지 못했고 전혀 들리지 않았습니다. 그러던 어느 날, 성회 소식을 알게 된 아이가 그곳에 데려가 달라고 조르는 것입니다. 아이는 전체를 위한 환자기도를 받은 후에 들리지 않던 귀가 들렸다고 하지요. 아이의 아버지가 성회를 위해 마음을 다해 수고하니 하나님께서는 그분의 딸에게 이처럼 축복하신 것입니다.

인도 연합대성회시 기도받고 보청기를 뺀 제니퍼

2002년 10월에 개최된 인도 연합대성회 때에도 수많은 치료 역사가 나타났습니다. 간증 사례를 다 접수할 수는 없었지만 일부 접수된 사례만 보아도 하나님께 감사와 영광을 돌리지 않을 수 없습니다.

그중에 제니퍼라는 아이는 태어날 때부터 듣지 못하고 말하지 못했다고 합니다. 보청기를 착용하긴 했지만 워낙 청력이 약해 제대로 듣지 못했지요. 제니퍼의 어머니는 날마다 딸의 치료를 위해 기도하던 중, 인도 연합대성회 소식을 듣고 참석하였습니다. 보청기를 착용하고도 잘 듣지 못하는 딸을 위해 최대한 스피커 가까이에 앉았습니다.

그런데 마지막 날에는 사람이 너무 많아 스피커에서 멀리 떨어진 뒤쪽에 앉을 수밖에 없었다고 합니다. 그 날 놀라운 일이 일어났습니다. 제니퍼가 단에서 환자를 위한 기도를 마치자마자 갑자기 보청기를 빼더니 몸짓으로 소리가 들린다고 했습니다. 제니퍼가 기도받기 이전 병원 자료를 보면 보청기 없이는 양쪽 귀 모두 소리에 전혀 반응이 없었습니다.

그러니까 100% 청력 소실에 해당하는 경우인데 기도받은 이후의 청력 검사 결과는 30~50% 청력이 되살아난 것으로 나타났다고 합니다. 이에 대하여 인도 현지의 이비인후과 전문의 크리스티나가 작성한 소견서입니다.

"저는 다섯 살 된 제니퍼 양의 청력 상태를 알아보기 위해
칼리야니 병원에서 검사를 하였습니다.
서로 얘기도 해 보고 관찰도 하면서 검사한 결과,
저는 제니퍼가 기도받기 이전과 지금을 비교해 볼 때
분명하고도 놀라운 호전이 있었다는 결과에
도달하게 되었습니다.
제니퍼에 대한 엄마의 관찰 소견이 더욱 중요한데,
제니퍼 엄마는 딸아이의 청력에 분명하고도
놀라운 호전이 있었다고 제게 알려 주었습니다.
현재 제니퍼는 보청기가 없는 상태에서도
소리에 반응을 잘 보이는데
이전에 보청기를 착용하지 않은 상태에서는
이러한 반응을 전혀 보이지 않았습니다."

권능을 체험하려면

하나님의 권능은 믿음으로 준비한 사람에게 분명하게 나타납니다. 물론 집회가 끝난 후에도 신앙생활을 잘하면 날로 호전되어 온전케 되는 경우도 많습니다. 어릴 때 청력을 잃고 성장한 사람의 경우에는 하나님께서 처음부터 완전히 듣게 하지 않는 경우가 많습니다. 한꺼번에 청력이 회복되면 갑작스러운 소리에 견디기 힘들기 때문입니다.

그러나 성장한 후에 난청이 된 경우는 100% 고쳐 주어도 적응이 빠르기 때문에 한꺼번에 열어 주는 경우도 있습니다. 이 경우 처음에는 소리가 크게 들려 당황하지만 하루 이틀 지나면 진정이 되고 익숙해지니 염려할 필요가 없습니다.

2003년 4월, 아랍에미레이트에서 있었던 두바이 선교 일정 중에서도 두 살 때 뇌수막염을 앓아 언어 장애가 있던 32세의 한 여성이 기도받은 즉시 저에게 또렷한 음성으로 "땡큐!"라고 인사하는 것이었습니다. 그때까지만 해도 저는 그저 감사의 인사 정도로만 생각했습니다. 그런데 부모의 이야기를 들으니 자기 딸이 "땡큐"라고 말한 것은 처음이라는 것입니다. 그분들은 딸의 변화에 매우 놀라며 제게 감사해하는 것입니다.

이처럼 하나님의 권능을 체험하려면 구체적으로 어떻게 해야 할까요?

먼저, 치료받을 수 있는 믿음을 가져야 합니다.

어떤 사람은 말로만 전해도 믿음을 갖는가 하면, 어떤 사람은 믿음을 가질 수 있도록 증거를 보여야 합니다. 예수님이 치료하신 어눌한 사람의 경우에는 듣지 못했기 때문에 믿음을 갖기가 쉽지 않았습니다. 그래서 예수님이 직접 손가락을 귀에 넣으심으로 믿음을 갖도록 배려하신 것입니다. 무언가 감각적으로 와닿을 때 사람들이 믿음을 갖기가 더 쉽기 때문입니다.

이렇게 치료받을 당사자가 믿음을 소유하는 것이 중요합니다. 그런데 오늘날에는 예수님 당시와 달리 문명이 발달하여 청각 장애가 있더라도 복음을 접할 수 있는 매체들이 많습니다. 수화로 하나님 말씀을 배울 수도 있지요.

또한 비디오나 점자책 등 믿음을 가질 수 있도록 돕는 매체들이 얼마든지 있습니다. 비록 소리를 듣지 못한다 할지라도 본인이 원한다면 얼마든지 믿음을 가질 수 있는 것입니다. 따라서 치료받을 수 있는 믿음만 있으면 누구나 하나님의 권능을 체험할 수 있습니다.

다음으로는, 죄 사함을 받아야 합니다.

예수님께서는 귀먹고 어눌한 사람의 양 귀에 손가락을 넣었다 빼신 후 침을 뱉어 그의 혀에 손을 대셨습니다. 그 이유는 무엇일까요? 이는 영적으로 물세례를 의미하는 것으로 죄 사함을 베풀기 위해서였습니다.

물로 세례를 받는 것은 맑은 물과 같은 하나님 말씀으로 죄를 씻어 버린다는 의미가 있습니다. 하나님의 권능을 체험하기 위해서는 이처럼 반드시 죄의 문제를 해결해야 합니다. 다만 이 사람의 경우 주변에 물이 없어 물 대신에 침으로써 죄 사함의 의미를 나타내신 것입니다.

이사야 59장 1~2절을 보면 "여호와의 손이 짧아 구원치 못하심도 아니요 귀가 둔하여 듣지 못하심도 아니라 오직 너희 죄악이 너희와 너희 하나님 사이를 내었고 너희 죄가 그 얼굴을 가리워서 너희를 듣지 않으시게 함이니" 하셨습니다.

역대하 7장 14절에는 "내 이름으로 일컫는 내 백성이 그 악한 길에서 떠나 스스로 겸비하고 기도하여 내 얼굴을 구하면 내가 하늘에서 듣고 그 죄를 사하고 그 땅을 고칠지라" 약속하셨습니다. 즉 하나님 앞에 응답을 받으려면 먼저 자신을 진실하게 돌아보아 죄를 자백하고 회개해야 합니다.

그러면 하나님 앞에 어떠한 것을 회개해야 할까요?

첫째는, 하나님을 믿지 않고 예수 그리스도를 영접하지 않은 것을 회개해야 합니다.

요한복음 16장 9절에 "죄에 대하여라 함은 저희가 나를 믿지 아니함이요" 하셨습니다. 그러니 예수님을 구세주로 영접하지 않는 것이 죄임을 깨닫고 주님을 믿고 하나님을 믿어야 합니다.

둘째는, 형제를 사랑하지 못한 것을 회개해야 합니다.

요한일서 4장 11절에 "하나님이 이같이 우리를 사랑하셨은즉 우리도 서로 사랑하는 것이 마땅하도다" 하셨으니 설령 형제가 나를 미워한다 해도 그를 미워해서는 안 됩니다. 나아가 이해하고 용서해야 합니다. 원수라도 사랑하여 상대의 유익을 구하며 상대 입장에서 생각하고 대할 수 있어야 하지요. 이렇게 모든 사람을 사랑할 때 하나님께서도 긍휼과 자비를 베풀어 주시고 치료의 역사를 나타내 주십니다.

셋째는, 욕심을 가지고 기도했다면 회개해야 합니다.

자기를 위하여 욕심을 가지고 하는 기도는 하나님께서 기뻐하시지 않으므로(약 4:3) 응답받을 수 없다는 것을 깨닫고 오직 하나님 뜻대로 기도해야 합니다.

넷째는, 의심하며 기도했다면 회개해야 합니다.

야고보서 1장 6~7절에 "오직 믿음으로 구하고 조금도 의심하지 말라 의심하는 자는 마치 바람에 밀려 요동하는 바다 물결 같으니 이런 사람은 무엇이든지 주께 얻기를 생각하지 말라" 말씀합니다. 또한 믿음이 없이는 하나님을 기쁘시게 못한다고 했으니 의심을 버리고 오직 믿음으로 구해야 합니다(히 11:6).

다섯째는, 계명을 지키지 않은 것을 회개해야 합니다.

요한복음 14장 21절에 "나의 계명을 가지고 지키는 자라야 나를 사랑하는 자니" 하신 대로 계명을 지키는 것은 곧 하나님을 사랑한다는 증거입니다. 간혹 하나님을 믿는 성도들 가운데서도 여러 가지 사고를 당하는 경우가 있는데 그 이유를 살펴보면 대부분 주일을 잘 지키지 않았거나 십일조를 드리지 않았기 때문입니다.

신앙인으로서 가장 기본이 되는 십계명을 지키지 않으니 하나님의 보호를 받지 못하는 것입니다. 계명을 지키는 성도들은 설령 운전자의 실수로 사고가 난다 해도 하나님께 지킴받는 것을 볼 수 있습니다. 차를 폐차해야 할 상황에서도 사람은 조금도 다치지 않는 것입니다. 이는 하나님을 사랑하니 하나님께서도 사랑하는 증거를 보여 주시기 때문입니다.

또 하나님을 전혀 모르는 사람인데도 기도받고 치료받는 경우가 있습니다. 이는 하나님의 계명을 지킨 것은 아니지만 교회에 나왔다는 자체를 믿음으로 인정해 주시기 때문입니다. 이러한 사람은 하나님을 몰라서 계명대로 살지 못한 것입니다. 해외 연합대성회시 하나님께서 크게 역사하시는 것도 하나님을 모르고 우상을 섬기던 사람들이 소문을 듣고 참석했다는 자체만으로도 믿음으로 보시기 때문입니다. 하지만 믿음도 있고 진리를 알면서도 하나님의 계명을 어기고 말씀대로 살지 못한다면 이것이 하나님과 죄의 담이 되므로 치료받지 못합니다.

여섯째는, 하나님 앞에 심지 않은 것을 회개해야 합니다.
갈라디아서 6장 7절에는 사람이 무엇으로 심든지 그대로 거둔다고 분명히 말씀하고 있습니다. 이처럼 하나님의 권능을 체험하려면 우선 예배에 열심히 참석하는 행함, 곧 심음이 있어야 합니다. 몸으로 심으면 강건한 축복을 받고 물질을 심으면 물질 축복을 받는 것을 깨달아 하나님 앞에 심지 않고 거두려 했던 것을 회개해야 합니다.

요한일서 1장 9절에는 "만일 우리가 우리 죄를 자백하면 저는 미쁘시고 의로우사 우리 죄를 사하시며 모든 불의에서 우리를 깨끗케 하실 것이요" 약속하셨으니 자신을 돌아보아 죄를 회개하고 빛 가운데 행하시기 바랍니다. 그리하여 하나님의 긍휼하심을 입고 하나님의 권능으로 건강은 물론 범사에 형통한 축복을 받아야 하겠습니다.

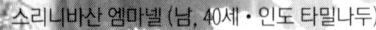

소리니바산 엠마넬 (남, 40세 • 인도 타밀나두)

태어날 때부터
귀먹고
벙어리 된 아이

제니퍼는 태어날 때부터 전혀 들을 수 없었다. 나와 아내는 그 사실을 제니퍼가 한 살이 넘어 알았다. 청각 전문의는 아무 반응을 보이지 않는다고 하였다.
"B.E.R.A. 검사 결과 최고의 강도인 130dB SPL에서도 반응이 없었습니다. 자료는 제니퍼의 양쪽 귀에 감각신경성 난청이 있음을 말하는 것입니다. 제니퍼는 시종일관 매우 큰 소리에도 전혀 반응이 없었습니다."
평생을 소리 없는 세상과 싸우며 힘들게 살아가야 할 딸을 생각하니 가슴이 무너져 내렸다.
제니퍼가 두 살이 되었을 때에 우리는 정부가 운영하는 소아병원을 찾았다. 의사는 보청기를 해 주면 약 20% 정도 도움이 될 수 있다고 했다. 그나마 다행이지만 모든 소리가 희미하니 딸의 고통은 여전하였다.
어느덧 다섯 살이 된 제니퍼는 청력이 조금도 나아질 기미가 보이지 않

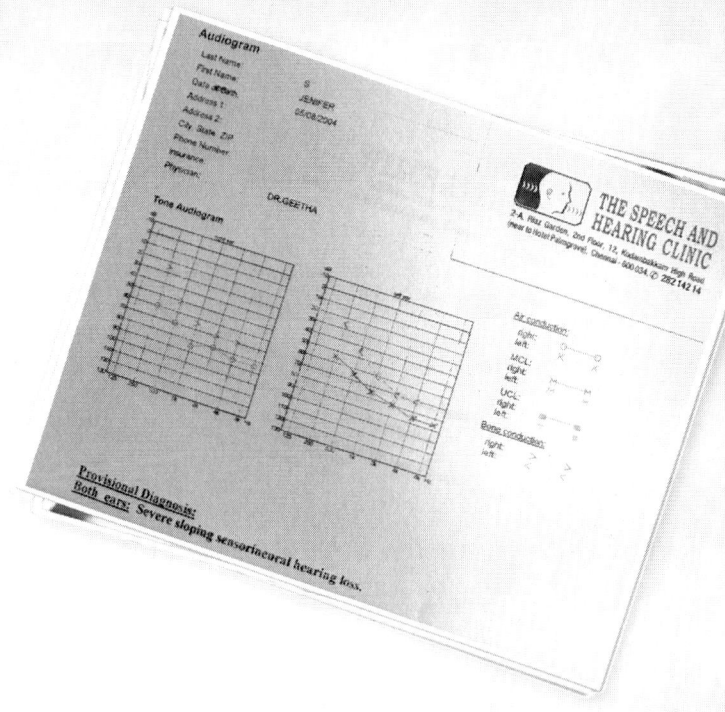

앉다. 이제 곧 학교 생활을 해야 하는데, 막막하기만 했다.

2002년 10월, 인도 연합대성회 소식을 들었다. 아내는 제니퍼와 함께 날마다 성회에 참석했다. 일찌감치 도착해 딸을 위해 스피커 가까이, 앞자리 환자석에 앉았다.

성회 4일째 되는 날이었다. 일찍 서둘러 왔는데도 사람이 너무 많아 평소처럼 스피커 가까이 앉지 못하고 멀리 떨어진 뒤쪽에 앉을 수밖에 없었다.

이재록 목사가 환자 기도를 마친 후, 주변에서 많은 사람이 치료되어 간증하느라 웅성거렸다.

갑자기 제니퍼가 보청기를 빼더니 몸짓으로 소리가 들린다고 했다.

매우 놀란 아내는 과연 소리를 잘 듣나 시험해 보았다. 놀라울 뿐이었다. 보청기 없이 소리를 듣고 반응을 보인 것은 처음 있는 일이었다.

미라클 스토리 | 177

태어날 때부터 듣지 못했던 제니퍼의 치료 사실을 증명하는 의사 소견서

CHURCH OF SOUTH INDIA
MADRAS DIOCESE
C. S. I. KALYANI MULTI SPECIALITY HOSPITAL
15, Dr. Radhakrishnan Salai, Chennai-600 004. (South India)

Phone : 857 11 01
859 23 06

Ref. No. .... Date 15/10/02

To whom it may concern.

Miss Jennifer aged 5 yrs has been examined by me at CSI Kalyani hospital for her hearing.
After interacting with the child and observing her and after examining the child, I have come to the conclusion that Jennifer has definitely good hearing improvement now than before she was prayed for. Her mother's observation of her child is far more important and the mother has definitely noticed marked improvement in her child's hearing ability: Jennifer hears much better without the hearing aid, responding to her name being called where as previously she was not, without the aid

Chris........
Medical Officer,
C. S. I. KALYANI GENERAL HOSPITAL

Audiogram Result: Moderate to severe sensori-neural hearing loss i.e 50% – 70% hearing loss.
Chnshn

집으로 돌아온 아내와 딸의 얼굴에는 웃음꽃이 피어 있었다.
"여보, 제니퍼가 보청기 없이도 소리를 잘 들을 수 있어요!"
나는 사실을 확인하고 기쁨과 충격에 휩싸였다.
며칠 후, 제니퍼의 상태를 알아보기 위해 칼리야니 병원을 찾았다.
"제니퍼 양의 청력 검사 결과, 예전과 비교해 볼 때 분명하고도 놀랍게 좋아졌습니다. 이전에는 보청기를 착용하지 않은 상태에서 반응을 보이지 않았지만, 지금은 보청기 없는 상태에서도 매우 잘 듣습니다…."
이비인후과 전문의조차 놀라움을 감추지 못했다. 하나님은 정말 살아 계시며 전지전능하신 분이었다.

- 『희한한 능』 中에서 -

Chapter 9
하나님의 섭리는 변함이 없나니

마지막 때 전 세계 수많은 영혼을 구원하려는
하나님의 섭리 속에 놀라운 권능을 베푸십니다.

모든 영혼을 구원하기 원하시는 하나님의 사랑
마지막 때 복음 전파를 위한 하나님의 권능
성경에 기록된 마지막 때 징조들
마지막 때에 관한 예언과 하나님의 섭리

오늘날 네 하나님 여호와께서
이 규례와 법도를 행하라고 네게 명하시나니
그런즉 너는 마음을 다하고 성품을 다하여
지켜 행하라
…
여호와께서 너의 칭찬과 명예와 영광으로
그 지으신 모든 민족 위에 뛰어나게 하시고
그 말씀하신 대로 너로 네 하나님 여호와의
성민이 되게 하시리라

신명기 26:16~19

세상에서 가장 지극한 사랑을 꼽으라고 한다면 부모의 사랑이요, 그중에서도 젖먹이에 대한 어머니의 사랑일 것입니다. 그러나 이와는 비교할 수도 없는 사랑이 있습니다. 바로 우리를 향한 하나님의 사랑입니다.

"여인이 어찌 그 젖 먹는 자식을 잊겠으며 자기 태에서 난 아들을 긍휼히 여기지 않겠느냐 그들은 혹시 잊을지라도 나는 너를 잊지 아니할 것이라"(사 49:15)

사랑의 하나님께서는 모든 사람이 구원에 이르기를 원하십니다. 그래서 그의 자녀들을 시험과 환난에서 건져내고 구하는 것마다 응답해 주기를 원하십니다. 또한 이 땅에서는 물론 영원한 천국에서도 축복된 삶을 영위할 수 있도록 친히 인도하십니다.

모든 영혼을 구원하기 원하시는 하나님의 사랑

베드로후서 3장 3~4절을 보면 "먼저 이것을 알지니 말세에 기롱하는 자들이 와서 자기의 정욕을 좇아 행하며 기롱하여 가로되 주의 강림하신다는 약속이 어디 있느뇨 조상들이 잔 후로부터 만물이 처음 창조할 때와 같이 그냥 있다 하니" 말씀합니다.

마지막 때를 알려 주어도 이처럼 믿으려고 하지 않는 사람들이 많습니다. 오랜 세월 동안 항상 그래 왔던 것처럼 태양이 뜨고

지며, 사람들이 태어나고 죽으며, 문명은 날로 발달하여 계속 이어질 것이라 여깁니다. 그러나 사람이 태어나는 때가 있으면 반드시 죽는 때가 오는 것처럼 인류 역사도 시작이 있으면 반드시 끝이 있습니다. 앞으로 하나님께서 정하신 때가 이르면 이 세상 모든 것도 종말을 맞이합니다.

아담 이후에 이 땅에 살았던 모든 사람은 하나님 앞에서 심판을 받게 됩니다. 이 땅에서 어떻게 살았느냐에 따라 천국이냐 지옥이냐가 결정되는 것입니다. 즉 예수 그리스도를 믿고 하나님 말씀대로 살았던 사람은 천국으로 갑니다.

반면에 전도를 받고도 예수님을 영접하지 않았거나 믿는다 하면서도 하나님 말씀대로 살지 않고 죄악 중에 살았던 사람들은 지옥으로 갑니다. 그러니 한 영혼이라도 더 구원받을 수 있도록 온 세계에 복음을 전하고자 하나님께서는 마음이 너무나 급하신 것이지요.

오늘날 하나님께서 권능을 나타내시는 까닭도 바로 여기에 있습니다. 온 세상에 하나님의 권능을 보여 주어 어찌하든 천국과 지옥이 있음을 믿게 하려는 것입니다. 요한복음 4장 48절에 "너희는 표적과 기사를 보지 못하면 도무지 믿지 아니하리라" 하신 대로 죄악이 관영하고 지식이 더하는 오늘날은 더더욱 권능의 역사가 필요합니다.

마지막 때 복음 전파를 위한 하나님의 권능

하나님께서 계획하신 인간 경작의 역사는 이미 막바지에 이르고 있습니다. 하나님께서 예정하신 마지막 날이 이르기 전에 구원받을 만한 모든 사람에게 복음을 전파하려면 반드시 필요한 것이 권능입니다. 온 세상을 진동시킬 만한 권능이 있어야 더 빨리 더 많은 사람을 구원할 수 있기 때문입니다.

이 땅에는 아직도 핍박과 억압으로 복음을 전하기 어려운 나라들이 많습니다. 복음을 접하지 못한 사람들도 많지요. 또한 믿는다는 사람들 중에도 참된 신앙을 가진 사람들은 생각보다 많지 않습니다. 누가복음 18장 8절에 "인자가 올 때에 세상에서 믿음을 보겠느냐" 하신 대로 교회는 다니지만 세상 사람과 별다를 바 없이 죄 가운데 살아가는 것입니다.

그러나 핍박이 있는 곳이라 해도 권능의 역사를 체험하면 죽음을 두려워하지 않는 믿음을 갖게 되고 복음이 불같이 확산됩니다. 참믿음을 갖지 못하고 죄 가운데 살던 사람들도 살아 계신 하나님을 직접 체험하면 하나님 말씀대로 살아갈 수 있는 힘을 얻는 것입니다.

저는 법적으로 복음 전파를 금지하고 교회를 핍박하는 여러 나라에 선교차 다녀왔습니다. 이슬람교가 왕성한 파키스탄과 두바이, 그리고 힌두교의 나라 인도 등에서도 예수 그리스도를 증거하였습니다. 이때 하나님의 권능을 보이면 수많은 영혼이 개종하고 구원에 이르는 것을 보았습니다.

수십 년 동안 우상을 섬긴 사람들이 권능의 역사를 체험하면 자신들이 겪을 불이익이나 핍박을 아랑곳하지 않고 예수 그리스도를 영접하였습니다. 권능의 힘이 얼마나 큰지 알 수 있었지요. 농부가 추수 때에 곡식을 거둬들이는 것처럼 하나님께서도 마지막 때에 전 세계의 구원받을 영혼들을 거둬들이고자 이처럼 놀라운 권능을 베풀고 계십니다.

성경에 기록된 마지막 때 징조들

우리는 성경에 기록된 하나님 말씀을 통해서도 마지막 때라는 것을 알 수 있습니다. 하나님께서는 세상 끝 날이 언제인지 그 날과 시를 알려 주지 않았지만 대략적으로는 알 수 있도록 힌트를 주셨기 때문입니다. 마치 하늘이 흐리면 비가 올 것을 알 수 있듯이 세상 돌아가는 것을 보고 마지막 때를 예측할 수 있는 징조들이 성경에 기록되어 있는 것입니다.

예를 들어, 누가복음 21장에는 "난리와 소란의 소문을 들을 때에 두려워 말라", "처처에 큰 지진과 기근과 온역이 있겠고 또 무서운 일과 하늘로서 큰 징조들이 있으리라" 말씀합니다. 디모데후서 3장 1~5절에도 "네가 이것을 알라 말세에 고통하는 때가 이르리니 사람들은 자기를 사랑하며 돈을 사랑하며 자긍하며 교만하며 훼방하며 부모를 거역하며 … 자고하며 쾌락을 사랑하기를 하나님 사랑하는 것보다 더하며 경건의 모양은 있으나 경건의 능력은 부인하는 자니 이 같은 자들에게서 네가 돌아서라" 말씀하고 있습니다.

오늘날에는 많은 재앙과 징조들이 있으며 사람들의 마음과 생각이 갈수록 악해져 갑니다. 사람들은 어지간한 일로는 더 이상 놀라지도 않습니다. 많은 사건과 사고 소식을 접하다 보니 무디어져 버린 것입니다. 흉악한 범죄가 끊이지 않고 전쟁이나 자연재해 등으로 수많은 사람이 피해를 입어도 별로 심각하게 받아들이지 않습니다.

예전 같으면 언론에 크게 보도될 만한 사건인데도 이제는 그리 대수롭지 않게 여깁니다. 또 자신이나 주변에서 직접 피해를 겪은 것이 아니라면 기억에서조차 곧 사라져 버립니다. 그러나 하나님을 사랑하고 깨어 있는 사람들은 이처럼 세상이 돌아가는 것만 보고도 마지막 때의 징조들을 점점 더 확실히 느끼게 됩니다. 그래서 주님께서 재림하실 날이 곧 가까움을 한 목소리로 외치는 것입니다.

마지막 때에 관한 예언과 하나님의 섭리

하나님께서 제게 주신 예언의 말씀을 통해서도 지금이 마지막 때임을 알 수 있습니다. 개척 당시부터 오늘날까지 많은 예언의 말씀을 주셨는데 국내는 물론 해외 유명인사들의 죽음이나 대통령 선거 결과 등 국내외 정세에 관한 것도 많이 알려 주셨지요.

이런 내용들을 교회 주보에 약자로 내기도 했고 널리 알릴 수 없는 경우에는 가까운 몇몇 사람들에게라도 전달하였습니다. 최근 몇 년 동안은 북한이나 미국, 중국과 러시아 등과 관련하여 앞으로의 세계 정세의 흐름에 대해 주신 내용들을 설교하기도 했습니다.

이처럼 예언한 내용들은 대부분 그대로 이뤄졌고 아직 이뤄지지 않은 것들은 현재 진행되고 있거나 앞으로 나타날 일들입니다. 그런데 앞으로 이루어질 일들 중에서는 특히 마지막 때에 관한 내용이 많습니다. 그중 몇 가지만 살펴보기로 하겠습니다.

첫째로는, 남북 관계에 관한 예언입니다.

하나님께서는 개척 당시부터 북한에 대한 말씀을 많이 주셨습니다. 이는 마지막 때에 북한 선교의 사명이 있기 때문입니다.

특히 1983년도에는 마지막 때 남북간 정상급 회담이 열리게 될 것과 그 후의 전개 과정을 설명해 주셨습니다. 일시적으로 북한이 외부세계에 대해 문을 열지만 얼마 있지 않아 다시 문을 닫을 것이라 말씀하셨지요.

잠시 북한의 문이 열릴 때 그곳에 들어가 선교해야 할 것을 알려 주시며 그 후 남북간에 어떤 표현이 나오면 주님께서 오실 날이 곧 가까이 이른 줄 알라고 하셨습니다.

아시다시피 지난 2000년에는 남북 정상 회담이 성사되었습니다. 그리고 세계 정세를 살펴볼 때 북한이 국제적인 압박에 못 이겨 개방할 날이 그리 멀지 않은 것을 느낄 수 있을 것입니다. 하나님께서 주신 말씀이 그대로 성취되는 것이지요.

둘째로는, 세계 선교의 사명에 관한 예언입니다.

그동안 하나님께서는 수만, 수십만, 수백만 명이 모이는 해외

성회를 예비하시고 놀라운 하나님의 권능을 나타내 보이셨습니다. CNN을 통해서도 보도된 바 있는 우간다 연합대성회를 시작으로 중동 선교의 문을 연 파키스탄 연합대성회, 에이즈(AIDS) 등 수많은 질병들이 치료된 케냐 연합대성회를 통해 놀랍게 역사하신 것입니다.

하나님의 권능이 폭발적으로 나타난 필리핀 연합대성회와 중남미에 성령의 회오리 바람을 일으킨 온두라스 연합대성회, 세계 최대 힌두교 국가에서 연인원 3백만 명 이상이 참석한 인도 연합대성회를 허락하시고 두바이 선교를 통해 본격적인 중동 선교의 발판을 마련하게 하셨지요. 그 이후에도 러시아, 독일, 페루, 콩고, 미국 최대 도시인 뉴욕에서 각각 연합대성회를 갖게 하셨습니다.

이러한 성회들은 최종 목적지인 이스라엘에 들어가기 위한 중요한 디딤돌이 되었습니다. 인간 경작의 원대한 계획 아래 하나님께서는 그중 한 민족을 선택하셨는데 바로 이스라엘 민족입니다. 하나님께서는 그들의 역사를 통해 세상 모든 사람 앞에 하나님의 영광을 드러내며 이 땅에서 인간을 경작하는 섭리를 알리고자 원하셨습니다.

따라서 이스라엘 민족은 인간 경작의 모델입니다. 또 하나님께서 친히 주관하시는 이스라엘의 역사는 한 민족만의 역사가 아닙니다. 온 인류에게 주신 하나님의 메시지입니다. 하나님께서는 아담으로부터 시작하신 인간 경작을 마치시기 전에 최초로 복음이 시작되었던 이스라엘에 복음이 회귀하도록 섭리하셨습니다. 하지만 이스라엘은 복음 전파에 많은 제약이 따르며, 유대인들을 향한 전도 활동이 실제적으로 불가능한 곳입니다. 가히 천지를 진동시킬 만한 권능이 있어야 하는 것이 이 때문입니다.

하나님께서는 예수 그리스도를 통해 인류 구원의 섭리를 이루셨고, 예수님을 구세주로 영접하는 사람은 누구든지 하나님의 자녀로 삼으시고 영생을 얻게 하셨습니다. 그런데 정작 하나님의 선민 이스라엘은 예수님을 구세주로 인정하지 않습니다. 하나님 자녀들이 공중으로 들림받는 순간까지도 예수 그리스도를 통한 구원의 섭리를 깨닫지 못하지요.

하나님께서는 마지막 때에 이스라엘로 하여금 어찌하든 회개하고 돌이켜 예수님을 구세주로 영접할 수 있도록 우리 교회에 귀한 사명을 주셨습니다. 이러한 하나님 뜻 가운데 두바이를 통해 본격적인 중동 선교의 발판을 마련하게 하시고 마지막 선교지인 이스라엘을 향한 작업을 구체화하도록 하셨습니다.

셋째로는, 대성전 건축과 관련된 예언입니다.

하나님께서는 개척한 지 얼마 되지 않아 마지막 때 섭리를 알려 주면서 주님께서 다시 오시기 전 온 세상에 하나님의 영광을 선포할 대성전 건축 사명을 주셨습니다. 구약 시대에는 율법을 행위적으로 지키면 구원받을 수 있었습니다. 비록 마음에 악이 있어도 행위적으로만 범죄하지 않으면 되었지요. 구약 시대 성전 역시 백성이 율법 가운데서 행위적으로 하나님께 예배하던 곳이었습니다.

그런데 신약 시대에는 예수님께서 오셔서 사랑으로 율법을 완성하셨고 우리는 예수 그리스도를 믿는 믿음으로 구원에 이르게 되었습니다. 이러한 신약 시대에 하나님께서 원하시는 성전은 행위로만이 아니라 마음으로 짓는 성전입니다. 죄를 버리고 성결하여 하나님을 닮은 참자녀들이 하나님을 사랑하므로 건축해 드리는 참된 의미의 성전이지요. 그래서 하나님께서는 구약의 성전이 훼파되도록 허락하셨고 새롭고 참된 의미의 영적 성전을 다시 이루고자 하시는 것입니다.

따라서 대성전을 짓기 위해서는 하나님 앞에 합당한 자녀가 되어야 합니다. 마음에 할례하여 거룩하고 정결한 심령이요 믿음과 소망과 사랑이 충만한 참자녀들이라야 대성전을 건축할 자격이 있는 것이지요. 이러한 자녀들의 손으로 이루어진 대성전을 보실 때에 하나님께서는 지나온 인간 경작 과정을 회상하시는 것이요, 모든 눈물과 희생과 인내의 열매로 얻으신 참자녀들을 떠올리며 위로받으시는 것입니다. 그러므로 대성전은 하나님 편에서 인간 경작의 기념물이며 좋은 열매들을 얻은 위로의 상징이라는 깊은 의미를 갖고 있습니다.

또한 대성전을 이루게 하시는 이유는 마지막 때 하나님 영광을 드러내는 기념비적 건축물이 되기 때문입니다. 대성전은 지름이 600미터에 높이가 70미터의 거대한 건축물입니다. 온갖 아름답고 진귀한 재료로 이루어지며 구조와 장식, 문양 하나하나에 천국 새 예루살렘의 영광이 담기고 하나님의 창조 사역과 권능을 나타내도록 건축됩니다. 대성전을 바라보는 것만으로도 창조주 하나님의 위엄과 영광을 느끼며 믿지 않는 사람조차 그 영광이 어떠한지 인정하며 감동받게 될 것입니다.

그리고 대성전 건축은 마지막 때 무수한 영혼이 구원받을 방주를 예비하는 것입니다. 노아 당시와 같이 죄악이 두루 퍼진 마지막 때 수많은 사람이 하나님 영광과 권능의 소문을 듣고 사모하여 나오게 하셨지요. 그러면 그들에게 많은 하나님의 증거들을 보여 주고 영계의 비밀에 대해 가르치며, 또한 하나님 뜻은 거룩한 참자녀를 얻는 데 있음을 알려 줄 것입니다.

이처럼 대성전은 복음 전파의 마무리 작업을 위한 중추 기지가 됩니다. 더구나 하나님께서는 대성전을 지을 때 하나님의 권능을 사모하는 전 세계 사람들이 도울 수 있도록 주관하겠다고 말씀하셨습니다.

하나님께서는 마지막 때에 대한 예언과 섭리들을 개척 당시부터 알려 주셨습니다. 또한 오늘날까지 해가 다르게 더욱 크신 권능을 보여 주면서 그 말씀들을 이루고 계신 것이지요. 교회 개척 후 지금까지 그 섭리를 이루기 위해 친히 인도하셨습니다. 앞으로도 주님께서 오실 마지막 순간까지 우리에게 명한 모든 사명을 다 이루고 온 세계에 주의 영광을 드러내실 것입니다.

하나님께서는 마지막 때 섭리를 이루는 과정에서 저와 우리 교회 위에 하루 아침에 부흥과 권능을 주신 것이 아닙니다. 험한 산을 넘듯, 거친 풍파를 지나듯 수많은 연단의 과정을 거치게 하시고 견고한 믿음으로 연단을 통과한 성도들을 모아 세계를 이룰 그릇을 준비하게 하셨습니다.

개개인도 마찬가지입니다. 새 예루살렘 성에 들어갈 믿음이 일시에 생기는 것이 아니기 때문에 항상 깨어서 주님 오실 날을 준비해야 하는 것입니다. 무엇보다도 모든 죄악의 담을 헐고 주님께서 다시 오실 때까지 결코 변질되지 않는 뜨거운 신앙으로 달려가야 합니다.

 이러한 각오를 굳게 다지고 변함없이 나갈 때 하나님께서는 반드시 영혼이 잘되는 축복과 함께 마음의 소원에도 응답해 주십니다. 뿐만 아니라 마지막 때를 이루시는 하나님의 섭리 가운데 귀한 도구로 쓰임받도록 영적 능력과 권세를 더해 주실 것입니다. 그러므로 주님께서 다시 오실 때까지 더욱 뜨겁게 신앙생활을 하다가 영원한 천국 새 예루살렘 성에 이르시기를 바랍니다.

Click Bible III

성령의 권능과
하나님의 섭리

"오직 성령이 너희에게 임하시면
너희가 권능을 받고 예루살렘과 온 유대와 사마리아와
땅 끝까지 이르러 내 증인이 되리라"
(사도행전 1:8)

2천여 년 전, 하나님의 아들로서 육신을 입고 이 땅에 오신 예수님은 열심히 복음을 전하며 천국과 부활을 증거하셨지만 대부분의 제자들은 그 말씀에 확신을 갖지 못했습니다. 그래서 예수님께서 십자가를 지실 때에는 뿔뿔이 흩어져 두려움과 절망으로 낙심했지요. 아직 성령을 받지 못한 상태였기 때문에 영적인 믿음을 소유할 수 없었던 것입니다.

그러나 사망 권세를 깨뜨리고 부활 승천하신 주님을 만난 제자들은 더 이상 죽음을 두려워하지 않고 확고한 믿음을 소유하게 됩니다. 더욱이 오순절 성령 강림을 체험한 후에는 권능을 받은 사도가 되어 성령의 감동으로 말씀을 증거하니 한번에 삼천 명이 회개하는 등 놀라운 성령의 역사가 일어났습니다.

사도들의 권능으로 큰 부흥을 이룬 예루살렘 교회

"저희가 사도의 가르침을 받아 서로 교제하며 떡을 떼며 기도하기를 전혀 힘쓰니라 사람마다 두려워하는데 사도들로 인하여 기사와 표적이 많이 나타나니 믿는 사람이 다 함께 있어 모든 물건을 서로 통용하고 또 재산과 소유를 팔아 각 사람의 필요를 따라 나눠주고 날마다 마음을 같이하여 성전에 모이기를 힘쓰고 집에서 떡을 떼며 기쁨과 순전한 마음으로 음식을 먹고 하나님을 찬미하며 또 온 백성에게 칭송을 받으니 주께서 구원받는 사람을 날마다 더하게 하시니라"(행 2:42~47)

이처럼 베드로를 비롯한 사도들의 권능으로 예루살렘 교회는 급속한 부흥을 이루고 성도들의 믿음은 날로 견고해졌습니다. 그런데 어느 날 진리와 은혜와 성령으로 충만한 예루살렘 교회에 혹독한 시련이 다가왔습니다. 큰 기사와 표적을 행하던 스데반 집사가 돌에 맞아 순교하는 사건이 일어난 것입니다.

하나님께서 예루살렘 교회에 시련을 허락하신 이유

이 사건을 기점으로 예루살렘 교회에 큰 핍박이 일어나서 사도 외에는 다 유대와 사마리아로 흩어져야 했습니다. 성도들이 핍박을 피해 뿔뿔이 흩어지니 마치 주님의 몸된 교회가 훼파된 것처럼 보였습니다. 그러나 이 핍박은 오히려 사람의 생각과 달리 높고 뛰어난 하나님의 지혜로써 하나님께서 영광을 받으시기 위한 과정이었습니다. 진정 하나님께서 원하신 것은 다만 예루살렘 교회의 부흥이 아니라 온 유대와 사마리아와 땅 끝까지 복음이 전파되는 것이기 때문입니다.

"그 흩어진 사람들이 두루 다니며 복음의 말씀을 전할 새 빌립이 사마리아 성에 내려가 그리스도를 백성에게 전파하니 무리가 빌립의 말도 듣고 행하는 표적도 보고 일심으로 그의 말하는 것을 좇더라 많은 사람에게 붙었던 더러운 귀신들이 크게 소리를 지르며 나가고 또 많은 중풍병자와 앉은뱅이가 나으니 그 성에 큰 기쁨이 있더라"(행 8:4~8)

온 유대와 사마리아와 땅 끝까지 복음을 전파하는 하나님의 섭리

과연 예루살렘 교회의 성도들은 온 유대와 사마리아에 흩어져 예수 그리스도의 부활을 증거하기 시작했습니다. 뿐만 아니라 하나님께서는 교회 핍박의 주도자인 사울을 바울로 변화시켜 세계선교의 초석으로 삼으셨습니다. 누구보다도 열심히 교회를 핍박하던 사람이 사도가 되어 소아시아 전역에 복음을 전하고 그리스, 로마에까지 복음을 전한 것입니다. 이는 유대인은 물론, 바울 자신도 상상할 수 없었던 일이었지요.

"이 사람은 내 이름을 이방인과 임금들과 이스라엘 자손들 앞에 전하기 위하여 택한 나의 그릇이라 그가 내 이름을 위하여 해를 얼마나 받아야 할 것을 내가 그에게 보이리라"(행 9:15~16)

지금도 하나님께서는 측량할 수 없는 지혜 가운데 사람이 상상할 수 없는 방법으로 전세계를 복음화시키는 섭리를 치밀하면서도 적극적으로 진행하고 계십니다. 사도 바울에 의해 전 세계로 전파된 복음은 마지막으로 복음의 출발지인 이스라엘에까지 이르면 마쳐집니다.
사도행전 1장 8절에 "오직 성령이 너희에게 임하시면 너희가 권능을 받고 예루살렘과 온 유대와 사마리아와 땅 끝까지 이르러 내 증인이 되리라" 했습니다. 여기서 땅 끝은 복음의 종착지인 이스라엘을 말합니다. 과연 하나님께서는 계획하신 섭리대로 놀라운 하나님의 권능으로 이스라엘에 복음이 전파되도록 통로를 열고 계십니다.
이처럼 복음이 땅 끝, 곧 이스라엘로 회귀되면 주님께서 오실 때가 가까움을 깨달아야 합니다. 마태복음 24장 14절에 "이 천국 복음이 모든 민족에게 증거되기 위하여 온 세상에 전파되리니 그제야 끝이 오리라" 하신 대로입니다. 그러므로 하나님의 뜻을 행함으로 권능을 받아 능력 있는 주님의 증인이 될 뿐 아니라 다시 오실 주님을 맞이할 수 있도록 깨어 신부단장을 해야 하겠습니다.

권 능

초판 1쇄 발행 2004년 1월 18일
초판 2쇄 발행 2004년 2월 29일
2판 2쇄 발행 2023년 8월 7일

지은이   이재록
발행인   김진홍
편집인   빈금선

발행처   우림북
영업부   02-818-7241

등록번호   제 2009-000029호

Copyright ⓒ 2023 우림북
판권 본사 소유 | 파본은 교환해 드립니다.

값 8,000원

ISBN 978-89-7557-217-3
ISBN 978-89-7557-203-6(set)

우림

우림은 구약 시대에 대제사장이 하나님의 뜻을 묻기 위해 사용하던 판결 흉패이며,
히브리어로 '빛'이라는 의미가 있습니다(출애굽기 28:30).
빛은, 곧 하나님 말씀이며 생명입니다.
우림북은 온 누리에 참 빛을 비추고자 오늘도 기도와 정성으로 문서선교 사역에 앞장서고 있습니다.